Eloy Reverón

Genealogía de las Logias Masónicas en Venezuela
Historia General de la Masonería Venezolonana: (Apuntes para su Estudio)
Vol III

IVEM

2021

ISBN:9781087463162

Instituto Venezolano de Estudios Masónicos IVEM
erivem@gmail.com
https://www.facebook.com/ivem2017/
https://ivem-publicaciones.blogspot.com/
GRAN LOGIA DE INVESTIGACIÓN
https://granlogiavzla.blogspot.com/

Página del Historiador Eloy Reverón
https://reveroneloy.blogspot.com/

DEDICADO

A los estudiantes y profesores que me han acompañado en esta trayectoria de talleres e investigaciones.

Indice

Presentación

La Masonería moderna, tal como la conoce nuestro mundo contemporáneo, encuentra sus referencias históricas oficiales e iniciales en Londres en el año 1717. A partir de 1723, fecha cuando es publicado el primer documento juridico masónico conocido como la Constitución de Anderson, un pastor presbiterano que vivió entre 1678 y 1739 y con la presencia de un personaje clave, miembro de la Royal Society y doctor en Leyes, J. T. Desaguliers (1683-1744), ocupó el cargo de Diputado del Gran Maestre y vinculado a Isaac Newton como su estrecho colaborador. A ellos se sumó otro personaje que merece ser recordado, Christopher Wren (1632-1723), famoso arquitecto responsable de la reconstrucción de las iglesias de Londres tras el incendio de 1666. Su diseño de la Catedral de San Pablo, es una de las pocas catedrales de Inglaterra edificadas después del medievo, pero que además, inspiró el diseño de la basílica de San Pedro de Roma. Ellos son los primeros tres puntos que le dan fuerza y vigor como columnas a una institución del medioevo con tradición de antigüedad para la modernidad hegemónica justo en el momento que le corresponde a Inglaterra, Irlanda y Escocia su turno en el proceso de la expansión europea. Si consideramos que Francis Bacon (1561-1618), René Descartes (1596-1650), Jhon Lucke (1632-1704) e Isaac Newton (1642-1627) ya habían hecho su trabajo, entendemos por qué tan oportuno promover una sociedad civil donde disfritar la tolerancia religiosa y política y donde recrear la razón y la inaginación. Pero sobre todo para una clase socioeconómica emergente del avance hacia una sociedad más urbana, que está generando el cambio más tascendental en la historia de la humanidad desde el neolítico. Todos los elementos se estaban combinando para la revoución industrial y la expansión del comercio maítimo británico, ola sobre la cual navegará la institución que estaban creando.

Así la obra arquitectónica contará con tres pilares fundamentales; Anderson el predicador, le otorga la fortaleza religiosa; Desaguliers, el ordenamiento jurídico y Wren, la tradición y la historia de la arquitectura. Después llegarán los comerciantes hebreos, la judería comercial y financiera y el reimpulso industrial generado por las guerras napoleónicas, que finalmente fueron trasladadas a la independencia de la América hispana, que desde el punto de vista británico era el acta de defunción de su rival principal. El decadente imperio español. Además del finaciamiento de las guerras de "independencia" de América hispana. Y el contingente de más de tres mil efectivos militares irlandeses, una legión de oficiales con sus respectivas logias de campamento.

Después de la victoria de Carabobo, el 24 de junio de 1821, los masones pertenecientes a la Legión Británica, les llegó la hora de regular sus logias. Así fue como organizaron en Valencia una Logia, y eligieron al General José Antonio Páez como Venerable Maestro[1] En la misma forma como se crearon las primeras logias en el Caribe Insular, los gremios de oficiales dentro regimientos irlandeses y franceses jugaron un papel de primer orden en la instalación de los primeros cuerpos masónicos.

Los puertos como La Guaira, Carúpano, Pampatar, Puerto Cabello, Angostura, Maracaibo y la ciudad de Barcelona se disputan el honor de ser cuna de la Masonería en Venezuela. Lamentablemente ninguno conserva un archivo que respalde las actividades masónicas antes de 1823. Existen y homos visto documentos masónicos e impresos que de alguna manera sustentan la existencia de logias. Sin embargo, debemos señalar que en el documento citado donde el General Páez solicita a la Logia Amigable N 25 de Maryland, menciona que ya las logias de Barcelona y Cumaná habían recibido ya sus patentes.[2] Según testimonios posteriores del arzobispo Narciso Cool y Prat y del abogado Juan Germán Roscio, existió una logia en

---

[1] José A. Páez Solicitud de Carta Patente, Archivo Academia Nacional de la Historia 9 de julio de 1823
[2] Idem

Puerto Cabello, a la cual pertenecía el letrado José Gutierrez de Rivero.[3]

Se han publicado folletos y libros construidos sobre la base de tradiciones orales y versiones románticas poco resistentes a la crítica histórica, referencias alimentadas por la fantasía popular. Testimonios demasiado posteriores a los hechos como para pensar que en Venezuela existieron logias regidas por el ordenamiento jurídico masónico internacional, antes de 1823.

Según el Q:.H:. Ricardo Vanegas, existieron logias regidas bajo la jurisdicción española entre 1816 y 1817[4]. El legionario británico Gustavus Hippisley publicó un libro sobre su experiencia en el Orinoco y el Apure después de su regreso a Londres en 1819 donde afirmó haber asistido a la iniciación del general Montilla. Históricamente hablando, lo más sensato hasta ahora es pensar que la Masonería venezolana se organizó como consecuencia de la victoria de Carabobo, aunque hemos estado cerca de poder establecer con seriedad, que la Masonería tuvo sus influjos sobre el proceso de pacificación, que culminó en la batalla de Carabobo. En todo caso el Armisticio de Santa Ana de Trujilo fue un pacto político de la clase social que militaba la Orden de la Escuadra y el Compás, clase dominante heredera de la tutela imperial española.

Esas afirmaciones bibliográficas también hallaron un respaldo documental. En el archivo de la

---

[3]Citado por Ferrer Benimelli, Diccionario Histórico, Fundación Polar, P. 849
[4]Carta Masónica al Dr. Agustín Veroes. Caracas 1926, p.6

Academia Nacional de la Historia, está la solicitud de Carta Patente enviada por Páez a la Logia Amigable N 25 de Maryland, para operar regularmente bajo los auspicios de la masonería estadounidense.

En el Archivo General de la Nación existe una hoja sin timbre ni sello, fechada en 1824, donde figura una lista de próceres civiles y militares, señalados con el grado 33. Al parecer el manuscrito perteneció al general y Pbro. José Félix Blanco, masón grado 33, quien abjuró públicamente de la Masonería, para poder cumplir con la condición impuesta por la Iglesia para retomar sus hábitos sacerdotales en 1864. Esta hoja está relacionada con la visita del fundador del Supremo Consejo de la Masoneía, José Cernau, quien otorgó el grado treinta y tres a los notables de la época.

Esta hoja, citada por Celestino Romero[5], lejos de ser un documento masónico, es un papel que probablemente perteneció al general José Félix Blanco. Lo cierto que el descubrimiento de esta hoja suelta por parte de Celestino Romero y de Américo Carnicelli dio pie para afirmar que Bolívar recibió el grado 33. En todo caso, lo que a un criterio menos apasionado, esta hoja debe sugerir en todo caso que El Libertador era candidato para recibir el grado, por sus sobrados méritos. O para comprar las joyas masónicas que Cernau vendía.

Entre las primeras apreciaciones que había elaborado en torno a la llegada de la masonería a

---

[5]Romero, Celestino (1957) **Raíz Histórica de la Masonería Venezolana** Caracas, Ed. El Cojo, 127 p.

Venezuela destacaba[6] que se había realizado en torno a los puertos marítimos, lacustres y fluviales, como son el caso de Barcelona, La Guiara, Puerto Cabello, Maracaibo, Angostura y otros; hecho del cual se desprende su vinculación con la expansión del comercio marítimo británico. En Estados Unidos y Jamaica observamos un repunte inicial de la organización de la Orden, pero en los sectores donde la Santa Inquisición está presente, la llegada de la masonería es tardía.

Los testimonios masónicos del siglo XIX [7] señalan el año de 1808. Había señalado también que la masonería había funcionado como satélite de grandes logias de Estados Unidos e Inglaterra debido a que la organización de la masonería grancolombiana sufrió un repunte con el decreto firmado por Simón Bolívar, mediante el cual quedaban proscritas todas las sociedades secretas, fuera cual fuere su denominación, de 8 de noviembre de 1825.

Es importante destacar la observación del doctor Ferrer Benimelli respecto a la importancia de las masonería británica en los Estados Unidos como puente de penetración en las colonias españolas, especialmente en Las Antillas y en Centro América.

La masonería o francmasonería conocida en Venezuela es identificada como perteneciente al

---

[6]Reverón: 1992
[7]Castro: 1856 traducción de F.T.B. Clavel, *Historia de la Masonería* publicado en París 1848

Rito Escocés Antiguo y Aceptado. La revisión cronológica y los testimonios hallados dan para pensar que ese nombre se debe a que fue aceptado en Charleston, Carolina del sur, Estados Unidos entre los años1801 y 1808. Lo de antiguo y escocés está vinculado al prestigio cultural de Escocia cuya primera universidad, la de San Andrés, fue fundada en el año de 1410. Es posible que la masonería especulativa provenga de la idea universitaria de la universidad, pero reservada al plano religioso, o iniciático si se prefiere. La circunstancia que debemos tener en cuenta, como ya lo hemos expresado en otras publicaciones, es que a Venezuela llegaron masones de Europa, a través de las Antillas Menores y Mayores, de Estados Unidos y en ambos lados de los ejércitos durante el proceso de internacionalización del estallido social que se inició entre los diferentes sectores sociales que se rebelaron contra la Primera República instalada por el Congreso Constituyente de 1811; y que una vez terminadas las guerras napoleónicas, y derrotada Francia en su lucha por asumir la hegemonía, quedaba la lucha entre Inglaterra y España, y su teatro de operaciones fue trasladado a la América Meridional. Es a partir de la llegada de la Escuadra comandada por el general Pablo Morillo que llegó con órdenes de someter y "pacificar", y la Legión Británica, formada por mercenarios contratados en Londres por Luis López Méndez, que representaba a los ejércitos comandados por el general Bolívar establecido en el puerto fluvial del Orinoco, en la ciudad de Angostura, hoy Ciudad Bolívar. Los oficiales formaron sus logias de campamento, y los comerciantes en los puertos. Durante los primeros tiempos, una manera de hacer vida social a la usanza británica que se había popularizado notablemente a comienzos del siglo XIX. Así que no será sino al romper el vínculo político administrativo con España, cuando la Masonería venezolana comience a organizarse como institución nacional.

Durante sus inicios como en tiempos de auge y decadencia, la Masonería ha sido una institución organizada internacionalmente en un número considerable de Federaciones de logias. A esto debemos agregarle los diferentes ritos y tradiciones que la Orden contempla en diferentes regiones del mundo. Además de existir, varias redes, circuitos o federaciones masónicas, han existido no menos de un centenar de "logias" ajenas a la Orden, sociedades secretas que utilizaban la misma estructura o cumplían el modelo de organización que los antiguos constructores medievales dieron a sus guildas. Cualquier sociedad secreta o no, puede reunirse en logia, no necesariamente la presencia de una logia debe implicar Francmasonería. Este detalle suele olvidarse con frecuencia. Insistimos en él para la atención del presente porque es necesario advertir para no caer en engaños, establecer algunos linderos conceptuales.

El primer hito que podemos establecer para efectos de este estudio es el de la Masonería Antigua y la Masonería Moderna. La primera es una masonería operativa cuyo testimonio esencial son las grandes construcciones sacras y su legado primordial fue el arte o el oficio de constructor; la segunda, los grupos que se consideran herederos de las guildas, pero no son constructores de oficio.

También existen dos percepciones generalizadas con respecto a la Orden de los masones: la primera que concibe a la Masonería como una escuela "mágico – espiritual", con una serie de grados que adjudican una suerte de jerarquía en una estación poblada de semidioses pletóricos de medallas y condecoraciones; otra creencia que los considera como a una suerte de santos civiles, que desde la penumbra de sus logias hacen innumerables hazañas benéficas, pero que nadie se entera porque son secretas.

Otro asunto sorprendente es la idea que evoca la presencia de un Supremo Consejo de Maestros Secretos que transfieren el conocimiento desde planos astrales, creados por la mente universal o la tradición del inconsciente colectivo de la humanidad con la cual el iniciado puede conectarse mediante la práctica de un ritual. El rito de la construcción del espíritu humano como pieza modelo del genio del Gran Arquitecto del Universo, producto sin dudas del panteísmo generado por El

Siglo de Las Luces. También existe la escuela de despertar de la conciencia ciudadana que actuó a favor de la igualdad de los derechos civiles durante la segunda mitad del siglo XIX venezolano, y aunque es la única entre estas dos ideas que cuenta con un soporte documental adecuado, aunque ha sido la menos difundida, sobre todo entre los masones que establecieron una historia oficial de héroes masones en el Olimpo de la Patria.

Cuando buscamos los orígenes de la Masonería encontramos tantas versiones diferentes, que resulta apresurado e innecesario señalar alguna de ellas porque el legado de la arquitectura, está en la memoria humana para construir, y comenzó a forjar sus cimientos cuando el hombre salió de las cavernas después de tener éxito sosteniendo con columnas, los techos de las mismas. Ese puede ser el punto de partida para relatar los orígenes de la Orden en el intento de registrar la memoria de este arte, conocido como Arte Real o Arquitectura. La necesidad de congregarse hasta consolidar un equipo apto para levantar un monumento sobre columnas y construir obras sacras, concibió la Masonería. Esta organización mantuvo un secreto profesional que preservó su estructura hasta decaer el oficio y tener que replantear los objetivos de la organización, y para poder seguir existiendo diseñó un nuevo misterio. El secreto de la construcción del templo interno, transmitido generación a generación mediante el rito de iniciación. Pienso que la idea esencial es que estas cofradías tenían su origen en la época de la construcción de las catedrales. En todo caso, los rituales de la Masonería Moderna son inspirados en un simbolismo que parte de la especulación filosófica en torno a los instrumentos de construcción. En la Inglaterra de los tiempos de Jhon Locke (1632-1704), o mejor dicho, un cuarto de siglo después que él publicara su obra, y bajo los influjos de este pensamiento, se organiza la Masonería Moderna. Un producto inglés del siglo XVIII, cuyo origen, casualmente, se quemó en los archivos de la catedral. De allí que se ha convenido como origen de esta masonería, el acuerdo de un grupo de mazones operativos retirados que decidieron organizar un nuevo y moderna modelo de masonería, definitivamente especulativa.

Cuenta la leyenda que en una taberna se encontraban reunidos cuatro viejos artesanos, antiguos obreros, herederos de las guildas de constructores de catedrales. Entre vino y vino, recordaban los tiempos de la antigua cofradía y las reuniones en logia. La idea esencial fue la de re establecer la legendaria cofradía, pero en lugar de dedicarse a la construcción de obras sacras como los masones de antaño, decidieron conformar logias dedicadas a la especulación filosófica. Mantuvieron una estructura misteriosa, confeccionaron un ceremonial de iniciación acompañado con exquisitos banquetes, ágapes especiales para la celebración de cada grado, con sus respectivos precios. El atractivo principal, el uso de los instrumentos de construcción para aplicarlos en la arquitectura del templo interno. El secreto del oficio.

De tal manera que el tránsito de la Masonería que construyó templos, hacia la reorganización de una Masonería que construye ideales, se le conoce como tránsito de la Masonería Operativa a la Masonería Especulativa, lo cual implicó la organización de una Masonería Moderna cuya enseñanza está inspirada en el simbolismo de los instrumentos de construcción que hoy se le conoce como masonería especulativa.

El punto de partida es la noche de San Juan de 1717, en la taberna londinense del Manzano, cuando se reunieron cuatro maestros masones y fundaron la Gran Logia de Inglaterra. Sin embargo, al parecer existía masonería especulativa antes de este hecho. Los primeros militares de oficio mantenían cofradías que presentaban estructura logística similar a la Masonería. Existen versiones que otorgan continuidad a los Caballeros Templarios. Existían cofradías entre los militares escoceses e irlandeses católicos, las cuales provenían de los tiempos de Cromwell y alcanzaron gran auge durante las guerras napoleónicas.

Evocando la existencia de esta cofradía que reunía en su seno a constructores que venían de lugares remotos, masones de mezquitas y sinagogas participaban en la construcción de las obras sacras católicas, diseñaron un ritual, y reconocían el grado de especialización mediante palabras claves que eran otorgadas en el sitio mismo de la obra, al final de cada jornada de trabajo. Esta palabra de pase, o clave, servía para acudir ante el tesorero de la obra, para identificarse como uno de los miles que operaban en el sitio. La segunda palabra servía para certificar su asistencia a la jornada de trabajo. Cuando la palabra era dada, el alarife cobraba su salario. Una forma práctica, antes del uso de la computadora, que de paso, también opera con palabras sagradas o de pase (password).

La Reforma, o gran cisma de la Iglesia trajo a La Cofradía dos consecuencias inmediatas; la primera: el oficio de construir catedrales comenzó a decaer, y para no desaparecer, la Orden requería de un considerable impulso en otra dirección, y lo recibió; la segunda, que los masones se mantuvieron al margen del cisma, pero aún así, no lograban librarse de las consecuencias de la crisis del pensamiento europeo [8].

La primera bula papal estaba dirigida a proscribir a los *Liberi Muratori*, una suerte de sociedad secreta que se reunía tras los muros de los monasterios, a la media noche en punto, para dedicarse a dar rienda suelta a la libertad del pensamiento. Actitud muy sospechosa en tiempos de autoritarismo monárquico y de disciplina monacal, pero la Masonería adquirió forma y logró proliferarse después que a un pastor protestante de apellido Anderson, se le ocurrió escribir la Constitución, y darle estructura de Sociedad Civil.

En el contexto histórico, se encuentra otro detalle que vale la pena comentar: son obreros y artesanos, precursores de los burgueses que con el

---

[8] Hazard, Paul, *Crisis de la Conciencia Europea,* (1688 – 1715), Madrid, Ed. Pegaso, 1952.

tiempo lograrían reunir a los nobles decadentes con los burgueses que buscaban adscripción en la sociedad, en cierta forma, una noble institución fundamentada en un principio de igualdad fraternal, que le daba cierto abolengo a una clase social carente de blasón aristocrático, pero futura dueña del comercio mundial, si contamos con el auge alcanzado posteriormente por el comercio británico en ultramar.

A Venezuela llegaron los hermanos por varias vías; unas fantásticas desde el punto de vista histórico, otras más sensatas, porque cuentan con documentos históricos que las respaldan. En los cuadros de la Legión Británica hubo masones que iniciaron al general Páez, a los Monagas, al general Montilla y a otros en La Cofradía. Los primeros masones comenzaron a llegar por el Caribe insular, desde Guadalupe, Antigua, Martinica, Saint Kiss, Santa Lucía y finalmente en Trinidad. Al parecer, una masonería conformada en su mayoría por católicos monárquicos, franceses de origen.

Después de la Revolución Francesa los masones galos se vieron obligados a huir por un cierto personaje enviado por la Revolución de la Libertad, Igualdad, y Fraternidad para pasar por la guillotina a cuanto monárquico encontrara. Su nombre era Víctor Hugo, y destruyó el templo masónico de Santa Lucía. Los masones lograron escapar para la monárquica Trinidad, donde se unieron a una logia llamada de los Tres Candiles.

Luego llegaron los británicos a la isla. Es posible que el Prócer margariteño hubiese sido iniciado durante sus múltiples visitas a Trinidad. Lo cierto es, que sin el reconocimiento de los masones actuales, el auténtico paladín de la Masonería Venezolana es Santiago Mariño y no Simón Bolívar como popularmente se ha soñado.

Existen otros documentos emanados por la Iglesia, donde se delata ante la Inquisición a una logia de *Liberi Muratori* que al parecer, se reunía en la Iglesia de Pampatar. Pero es en todo caso, una experiencia aislada de la Orden Masónica como tal. Aunque la falta de un criterio histórico mejor elaborado para evaluar su procedencia, se le ha identificado con la Organización Masónica vinculada al Rito Escocés Antiguo y Aceptado, que es el más difundido en la Venezuela actual.

Existen otros capítulos, no menos románticos, y peor documentados que parten de una supuesta tradición oral, del pueblo de Carúpano. Debe ser una tradición, surgida bajo los influjos de la historiografía romántica de la "Venezuela Heroica" y el proselitismo masónico. Esta habla de un barco estadounidense que tuvo que permanecer durante algún tiempo en la población oriental. Los miembros de la tripulación, al parecer, establecieron una logia a la cual vinculan con el Cerro de los Masones, lugar donde estaba la logia que fue destruida por el general Boves. Esto, naturalmente, es un relato romántico que no resiste la más elemental crítica historiográfica, pero que está tan arraigado a la historia local de Carúpano, que no tiene marcha atrás.

Para ubicarnos en el tema debemos hacer algunas consideraciones. En primer lugar señalaremos que el advenimiento de la Masonería moderna es un fenómeno paralelo al proceso de conformación de la teoría sobre la tolerancia y la organización de la sociedad civil. Pensamiento muy arraigado a la resolución de la crisis de la conciencia europea interpretada en la obra de John Locke dentro del marco histórico de la expulsión de los católicos estuardistas de Inglaterra, exilados en Francia.

La consecuencia inmediata es que la Masonería no escapa de esta crisis, y desde entonces nos encontramos ante la presencia de diferentes grupos masónicos que independientes unos de otros se consideran herederos de las Guildas de masones operativos, tales como: los Antiguos Masones Aceptados de York; los Picapedreros de la Catedral de Estrasburgo; los Estuardistas o Jacobitas surgidos de las guarniciones militares irlandesas, católicos exilados en Francia; la Masonería del Rito de Cohen fundada por Martínez de Pasqually en Francia; y la Gran Logia de Inglaterra instalada en la taberna del Manzano, una minoría constituida por los miembros de cuatro logias tan dispersas que para poder hacer cuorum se vieron obligados a aceptar candidatos ajenos a la profesión de albañil en 1717, pero gracias a esa circunstancia la masonería británica tomó un nuevo rumbo en la proyección mundial.

Contrario a lo que los historiadores masones habían creído hasta hace poco: la trilogía de la Libertad, Igualdad, y Fraternidad no había podido salir de las logias a la revolución porque la Revolución Francesa hizo desaparecer al Gran Oriente Francés y a sus logias afiliadas en las colonias del Caribe. Los cuadros de estas logias estuvieron conformados por gran número de hermanos simpatizantes del antiguo régimen y considerable número de sacerdotes. Las logias de Santa Lucía y Guadalupe se mudaron a Trinidad, entonces territorio monárquico español. Muchas logias francesas se convirtieron en clubes políticos, y más de un centenar de sociedades secretas se conformaron después en París. Los masones que sobrevivieron a la represión de los revolucionarios en Haití restablecieron sus logias en Cuba y Jamaica.

En Inglaterra, y gracias a la expansión comercial de la Gran Bretaña, la minoría de la taberna del Manzano se convirtió progresivamente en la primera potencia masónica al otorgar cartas patentes e imponer su autoridad en sus colonias.

En Estados Unidos, y como consecuencia de la emancipación y la organización de la nueva Gran Nación, surgió el Rito Escocés Antiguo y Aceptado en 1808. Al entrar el siglo XIX, la relevancia adquirida por la Masonería norteamericana y la modalidad de su rito de treinta y tres grados, motivó el reconocimiento mutuo, entre la Gran Logia y el Supremo Consejo de Grandes Inspectores e Inquisidores del Grado 33 del Rito Escocés Antiguo y Aceptado.

En algunos países como Venezuela existió otro cuerpo que regía a la Gran Logia de Venezuela y al Supremo Consejo de Grandes Inspectores e Inquisidores del Grado 33 y a todos los cuerpos masónicos bajo sus dos jurisdicciones, el Gran Oriente Nacional. Por su escasa cantidad numérica no ha podido subsistir, porque tendrían sus miembros que pertenecer a cada una de las tres instancias masónicas ocupando triples funciones para poder completar los cuadros de cada cuerpo.

A partir de 1808 comenzaron a llegar masones a Venezuela, al igual que en España cuando su masonería se recuperó de la aniquilación que le había impartido la Inquisición, durante sus primeros fallidos intentos de institucionalización. Así llegaron a Venezuela varios grupos de masones. Uno, jóvenes que estudiaron o viajaron de vacaciones a Europa y a Estados Unidos; dos, los que llegaron en las guarniciones militares que por un lado reforzaron a las logias insulares del Caribe, y tres, en ambos bandos de los ejércitos profesionales que participaron en la guerra de la emancipación entre la oficialidad del general Morillo y de la Legión Británica, después de las guerras napoleónicas.

Con respecto a la organización de la institución en Venezuela podemos señalar tres intentos; existen indicios de la existencia de logias organizadas a partir de 1808 pero carecen de evidencias sólidas con respecto a sus vínculos con la Masonería Universal, llegan políticos y guerreros de diferentes frentes e intentan conformar logias políticas que aparecen con evidencia más concreta después de Carabobo, cuando en 1823 comienzan a solicitar cartas patentes a Grandes Logias foráneas, y según versión oficial de la misma Gran Logia de Venezuela, fue fundada en 1824. Estas logias tuvieron poca vida porque el Libertador proscribió mediante decreto, a todas las sociedades secretas, sea cual fuera su denominación a finales de 1828. Hubo otro fallido intento de consolidar una Gran Logia Nacional después de la disolución de la Gran Colombia, en 1838 cuando Diego Bautista Urbaneja la reorganizó[9], pero no pudo mantenerla unida hasta poco más allá de 1847. Finalmente, en 1854, se conforma la Gran Logia Provisoria, presidida por el general Mariño, poco después de abandonar la prisión, y poco antes de su muerte. Lo relevante es que a partir de esta última fecha, podemos pensar en una continuidad documental para un estudio sistemático de la Historia de la Masonería en Venezuela.

Expansión mundial

La tradición judeo cristiana de la masonería el símbolo de la multiplicación y crecimiento de la fraternidad de allí la evocación del trigo.

La literatura sobre las circunstancias de la expansión de la Masonería es tan variada y de tal magnitud que hace de su estudio una materia tan amplia, que nos obliga ha seguir una línea de observación proveniente de la primera logia especializada en investigación que cuenta con una experiencia acumulada que sobrepasa a un siglo de tradición en su labor, y que les ha merecido el

---

[9] La Gran Logia de Venezuela publicó en 1956, el texto de la organización de la Gran Logia en 1838, el texto comenta la existencia de la misma en 1824, aunque no saben donde está el documento original cuentan con la reproducción del mismo. Lo que sí está claro es que existen comentarios de prensa donde se comenta las reuniones de Diego Bautista Urbaneja con sus hermanos masones.

reconocimiento internacional como pioneros en el estudio de la masonología que comenzó con la revisión de algunos autores clásicos en la especialidad[10]. Seguimos de cerca estos estudios porque de alguna manera los consideramos más adecuados para establecer el hilo cronológico relativo a la llegada de la Masonería a Venezuela. Desde la logia de investigación Ars Cuatour Coronati[11], el historiador masón C.N. Batham publicó un interesante *paper* titulado " The First Overseas Lodge "[12] donde señala la fundación de la primera logia llevada a París por los Estuardo refugiados en la Ciudad Luz en 1725. Las logias fundadas bajo esta jurísdicción son tildadas de irregulares por considerar a los Estuardo traidores a los ojos de Inglaterra durante esa época. Agrega que la primera logia francesa respaldada por los ingleses fue fundada el 3 de abril de 1732 con el nombre de **Louis d`Argent Lodge** de París y que las logias mencionadas por los primeros cronistas de Francia como la **Constancia** de Arras y la **Perfecta Unión**, fueron fundadas en fechas posteriores a las señaladas originalemente.

Argumenta Batham que en la segunda edición de las **Constituciones de Anderson** fechada en 1738, el autor ofrece una lista de Diputaciones enviadas

---

[10] Sin olvidar los trabajos de historiadores alemanes como Von Kloos, Lennhoff, Begemann, Findel, Wolfstieg, y Posner, que tienen el privilegio de ser los primeros que comienzan a escribir Historia de la Masonería.

[11] La logia de investigación es un foro británico con proyección internacional, conformada por maestros masones de diferentes países que se reúnen anualmente para presentar sus investigaciones para publicarlas.

[12] **A.Q. C.,** Vol, 88 for the Year 1975, London, 1976, pp. 206 – 211.

a ultramar. Primero en Gibraltar, donde William 2° Conde de Inchiquin se instaló como Gran Maestro el 27 de febrero de 1727; Henry 3° Lord de Coleraine se instaló como Gran Maestro en Madrid el 27 de diciembre de 1727; y James 4° Lord de Kinston el 27 de diciembre en Bengala, India Oriental. Sin embargo las fechas corresponden al momento cuando la Gran Logia de Inglaterra otorgó las Cartas Patentes. Así la Logia de Madrid se instaló con el número 50, Gibraltar con el número 51, y la de Bengala con el número 52. También muestra evidencias de la existencia de esas logias antes de ser reconocidas.

Lo que nos interesa puntualizar con respecto a la propagación de la Masonería está ubicado en varios órdenes; el primero, la existencia de logias consideradas irregulares por motivos políticos como la fundada en París por los Estuardo, las cuales tienen evolución histórica propia; en segundo lugar, los *Registros Masónicos 1717 - 1894* establecen que en Madrid estuvo la primera Logia constituida o auspiciada por la Gran Logia de Inglaterra, descrita como un encuentro de las Fuerzas Armadas francesas (Tree Fluers de Luces), en la calle San Bernardo, después instalada por el Duque de Warton en su propio apartamento de Madrid en 1728, convirtiéndose en la Logia Martinense N 1 en el Registro del Gran Oriente Español[13]; tercero, que al observar esta expansión centramos nuestra atención en el origen de las diferentes olas expansivas de masones que llegan a nuestras costas; por último cave señalar que los

---

[13] Batham, *Ob. Cit*, p. 208.

estudios de doctor José Antonio Ferrer Benimelli acusan que la logia de Warton solo trabajó hasta 1729, aunque figura en las listas hasta el 27 de febrero de 1768, cuando fue borrada junto con otras 18 logias que desde hacía tiempo, no daban señal de vida cuando la Inquisición las proscribió en 1738, y la autoridad real hiciera lo propio en 1751[14].

Señala igualmente unas reuniones de masones franceses e ingleses antes de ser delatados a la Inquisición, estos trabajaron en Cádiz el puerto mejor comunicado con las colonias hispanas de ultramar. Así como otros grupos de holandeses en 1772. Después de un detenido análisis concluye que la Masonería logró instalarse después de 1809 llevada a España por tropas de Bonaparte. No menciona la existencia de Logias en las guarniciones inglesas que pelearon contra los franceses.

Un autor considerado como clásico, el francés F.T.B. Clavel, *Historia de la Francmasonería*, cuya primera edición fue en París 1848[15] ofrece algunas fechas para la instalación de la Masonería en diferentes lugares del mundo: Alemania, 1716; Holanda, 1725; España, 1726; Rusia, 1731; Florencia, 1733; manteniéndose secreta en Roma hasta 1778; Suecia, desde antes de 1738; Dinamarca, 1742; Bohemia, 1749; India, 1728; Oceanía, 1828; Canadá, 1721; Estados Unidos, antes de 1742 (Massachussets, antes de 1730;

---

[14] José Antonio Ferrer Benimelli, *Masonería española contemporánea*, Vol. 1, pp. 23 – 24.
[15] F.T.B. Clavel, *Histoire Pintoresque de la Maçonerie et des las societes Secrètes*, París, 1848

México, durante las guerras de emancipación, logias del rito de York en 1820; y en Venezuela señalaba que *"Durante algún Tiempo la francmasonería disfrutó de gran protección en la República de Venezuela; las disensiones políticas, le han causado después de un golpe fatal, y es, por lo tanto, muy corto el número de logias que cuenta en la actualidad. "* [16]

Hacemos un paréntesis técnico para aclarar que además de la edición señalada fue traducida y editada en España en 1857; pero que hemos encontrado una traducción venezolana realizada por José de Jesús Castro, y editada en su propia imprenta en 1858, y traducida en los siguientes términos: *" La francmasonería gozó de gran favor por algún tiempo en la República de Venezuela, en donde fue introducida en 1808: pero las discusiones políticas que han agitado al país, le han sido fatales: y no existe más que un corto número de logias que profesan el rito escocés y dependen de un Supremo Consejo del Grado 33."*

De la comparación de estos textos se desprenden algunos comentarios. Primero, que estamos ante dos versiones de una misma situación con relación a la llegada de la Masonería a Venezuela. La visión de un masón francés a finales de la década de los cuarenta del siglo XIX sobre el desarrollo de los primeros años de la vida masónica venezolana; y con la segunda cita, la impresión de un masón venezolano sobre el mismo asunto, a finales de la década de los cincuenta del mismo siglo, una

---

[16] F.T.B. Clavel, *Historia de la Masonería,* Barcelona, Ed.Edicomunicación, S.A., 1978, p.75.

década después.[17] Lo relevante para el tema que estamos tratando, es que un masón estudioso de mediados del siglo venezolano que señala como fecha de llegada 1808. El autor francés apenas dedica ese párrafo a Venezuela en todo su libro. Tampoco vincula a la Orden con el proceso de emancipación de Venezuela, y menos, relación alguna con los próceres de la emancipación venezolana, ni siquiera se le ocurre relatar que un héroe de la Revolución Francesa, nacido en Venezuela se le hubiera ocurrido fundar la Orden en Venezuela, por más que Miranda figurase en el mismo Arco de Triunfo del país de origen del autor. En segundo lugar quiero destacar que para la herencia histórica que J.J. Castro pudo conocer, la Masonería Llegó a Venezuela en 1808, hablaba de la relación masónica de Bolívar y Morillo y establecía relaciones de la Cofradía con la pacificación y el principio del fin de la Guerra a Muerte decretada por Bolívar. Para Castro la Masonería no estaba tan impregnada del culto hiperbólico que los masones de la primera mitad del siglo XX rindieron a lo heroico en la Masonería. La Masonería de los tiempos del impresor, no era algo que se le pareciera a la Masonería Mirandina oficializada en Venezuela por primera vez, durante la segunda mitad del siglo XX. A partir de 1876 el Templo Masónico de Caracas guardaba en sus nichos externos las estatuas de la Fuerza y de la Belleza, y a sus lados el símbolo de la Sabiduría

---

[17] La edición de J,J. Castro recibió censuras de parte del Supremo Consejo de la Masonería venezolana, en una parte del libro donde se refiere al cisma ocurrido en Venezuela.

representada por las columnas salomónicas. Todo este simbolismo fue sustituido en el siglo XX por el culto a la Patria y el gusto por actos públicos protocolares expresado a través de la presencia de los bustos de Guzmán Blanco y de Francisco de Miranda en los mencionados nichos. El Simbolismo de la Sabiduría, la Fuerza y de la Belleza, fue sustituido por el culto a los héroes reconocidos como masones. Aquí la Masonería venezolana se muestra desvinculada de su pasado histórico.

El sentido de incluir este comentario cobra relevancia justo en la antesala de un paseo histórico por las islas del Caribe, en un intento de tender un hilo cronológico de las diferentes olas que trajeron lo masónico a nuestros puertos. El comentario que precede tiene la intensión expresa de preparar al lector para percibir las diferencias fundamentales entre la comprensión de lo masónico en el presente junto a la exaltación de lo heroico a diferencia de las Acciones Masónicas emprendidas durante el siglo XIX que se expresaron en un beneficio práctico para la sociedad Venezolana.

También vale la pena destacar acciones masónicas que hicieron presencia en la sociedad venezolana del siglo XIX como la lucha contra las epidemias como el cólera asiático; labores de organización ciudadana en casos de terremotos y otras tragedias naturales; la solidaridad con los hermanos presos o caídos en desgracia; la lucha por la igualdad en los derechos civiles y otras acciones colectivas de los masones como equipo. Estas acciones han sido olvidadas por una generación que concibe una historia nublada por la fantasía del culto a la personalidad y al individuo, que no permite la interpretación de la esencia del secreto masónico, ni del sentido genuino que los masones del presente pudieran darle a su militancia masónica.

Lo señalado en el párrafo anterior no es más que una advertencia al lector desprevenido a la hora de juzgar los testimonios que argumentan la crónica de este hilo masónico que tendemos desde una taberna de Londres hasta nuestros puertos, con sus respectivas escalas en los puertos insulares de la ruta marítima. Este hilo conforma apenas un segmento de la complicada red de logias que han venido operando en los dos últimos siglos de la historia venezolana. Numerosos como espigas del trigo. Era la palabra de contraseña dada a la guardia del campo, o ejército de Jefét, capitán de los israelitas, después que la tribu de Efraín se conspiró, y todos se presentaron para pasar; los que no pudieron pronunciar esta palabra fueron muertos o arrojados al río[18].

Logias caribeñas

Lejos de lo que se había creido hasta finales del siglo XX, que la trilogía Libertad, Igualdad y Fraternidad habían transitado de las logias a la Revolución Francesa, realmente fue lo contrario. La persecución a la Masonería monárquica fue un hecho evidente en su tiempo tal como lo afirma el

---

[18] Delgado Correa, Luis, *Instrucción para los tres grados simbólicos.* Caracas, Imp. De Ramón A. Blanco, 1855.

investigador masónico Lieonel Semungal: "They therefore unleashed their `secret weapon`, a mulato born in Marseilles named Victor Hughues, one of the most terrible men West Indies has ever seen. It was Hughues who drove Freemasonry pell-mell fron St Lucia to Trinidad[19].

La ruta de los masones al continente americano se hizo de manera progresiva y adherida a circunstancias peculiares. Una visión desde el centro hacia la periferia realizada por el doctor José Antonio Ferrer Benimeli dio cuenta de la expansión a todo el caribe, donde se aprecia desde la totalidad y partierno desde los archivos masónicos europeos porque estudió las vías de penetraión de las logias en El Caribe[20] investigación fue presentada durante el I Simposio Internacional de Historia de la Masonería Latinoamericana y Caribeña (Cátedra Transdisciplinaria de Estudios Históricos de la Masonería Cubana Vicente Antonio de Castro (CTEHMAC), Casa de Altos Estudios Don Fernando Ortiz, Universidad de La Habana, Oficina del Historiador de la Ciudad de La Habana, Gran Logia de Cuba de A.L y A.M y el Centro de Estudios Históricos de la Masonería Española (CEHME) de la Universidad de Zaragoza, España, La Habana, Cuba, del 5 al 8 de diciembre de 2007. En contraste con la erudicción de esta ponencia, un escritor llamdo

---

[19] Lionel A. Seemungal, "The Beginning of Freemasonry in Trinidad", en: **A.Q.C. N 88, 1976 p. 199.**

[20]Ferrer "Vías de penetración de la masonería en el Caribe" 2009

Hernando Rosillo Torrente, divulga en la web, un artículo titulado Masonería en El Caribe[21] llena de fantasías donde todos los héroes son masones y donde lo que anuncia en el título difiere mucho del contenido.

Pero esencialmente a través de tres vertientes; la primera, desde los Estados Unidos, donde se expandió desde lo pimeros tiempos y tuvo gran relevancia durante la independencia por estar muy dovulgada en todo el territorio original, y en el que fueron conquistando después de la independencia; la segunda vía por las islas del Arco Oriental del Caribe: Antigua, Martinica, Saint Kitts, Santa Lucia y Trinidad; la tercera por Haití, Cuba y Jamaica. De Jamaica a Estados Unidos y de Trinidad a Venezuela.

Contrario a lo que habían pensado los primeros investigadores de habla inglesa e hispana, la Masonería llegó hasta la isla de Trinidad en tiempos del dominio español sobre esa isla. De hecho, ni si quiera fue perseguida por el Gobierno o la Iglesia, y además fue introducida por católicos apostólicos romanos.

En 1777, un francés llamado Phillipe Roume Rose de St. Laurent, proveniente de Grenada visitó Trinidad, este fue el gran promotor de la emigración francesa a esa isla. Son los franceses los que primero llevarán la Masonería a esta isla [22]

---

[21] https://www.academia.edu/7671958/Masoner%C3%ADa_en_el_Caribe

[22] L. Semungal en *A.Q.C.* 1976.

Santa Lucía fue ocupada por los británicos entre 1778 y 1782, como era costumbre de la época, en los regimientos habían logias establecidas. Esto contribuyó a despertar el interés por la Orden en Santa Lucía. Cuando la isla regresó a manos de los franceses que llegaron a Martinica y Guadalupe ya estaban vinculados con la Masonería.

Durante el lustro siguiente, ya se habían instalado varias logias en Santa Lucía: *Le Choix Rèuni* 1784; *L`Harmonie Fraternelle* 1785; *Les Frères Unis* 1788; *L` Hureuse Rèunion*, 1788. Todas afiliadas al Gran Oriente de Francia. El treinta de mayo de 1789 fue consagrado el templo construido en el área sur de Santa Lucía, en el distrito de Micoud. Entre los fundadores había un hombre de cuarenta años, nacido en Martinica, asistente del maestro de ceremonias, el masón que seis años más tarde (1795) escapó a Trinidad y quedó a cargo de la logia de *Le Frères Unis* con él como autoridad masónica para esa isla aún bajo el dominio español, su nombre era Benoit Dert.

De alguna manera los flagelos de la guerra y la Revolución llegaron a las Indias Occidentales. El Caribe había sido escenario de las guerras entre holandeses, ingleses, franceses y españoles. Entonces el Gobierno Revolucionario Francés comenzaba a enviar sus funcionarios al Caribe.

Los masones franceses realistas se sentían mejor con británicos realistas que con franceses clamando Libertad, Igualdad y Fraternidad, además, las islas británicas constituían un mercado para el azúcar francesa.

Luego aparece en escena un personaje nacido en Marsella llamado Víctor Hugo quién condujo atropelladamente a la Masonería insular desde Santa Lucía a Trinidad. El templo de **Les Frères Unis** en Micoud fue arrasado por él en 1795 y la fraternidad fue prácticamente pasada a la clandestinidad.

En 1795 Benoit Dert reconstruyó la logia en Trinidad. Mientras tanto, el Gran Oriente había sido hecho trizas en la Revolución y su Gran Maestro el Duque Felipe de Orleans, guillotinado. La Fraternidad Trinitaria comenzó a celebrar sus tenidas en Duncan Street, allí esperaron el renacimiento del Gran Oriente Francés, instauraron una tradición hasta que la calle Duncan fue reconocida como la calle de los tres candiles. Las tres luces que encendían durante las noches de reuniones masónicas en logia le debieron su nombre. Luego vino la captura de Trinidad por los Británicos en 1797. Posiblemente los masones británicos se unieron a esta logia que el 13 de marzo de 1798 solicitó carta patente a la Gran Logia de Pennsylvania. Luego vino la Gran Logia de habla inglesa formada por un irlandés proveniente de la isla de Martinica, registrada bajo la jurisdicción de la Gran Logia de Irlanda en 1801.

En la vertiente occidental del Caribe insular encontramos un proceso similar al que se produjo en el arco oriental. Las guarniciones militares, y la huida de los efectos de la Revolución Francesa y la explosión social en Haití, hicieron que los masones se refugiaran en otras islas, españolas o inglesas, llevando con ellos sus logias.

La luz masónica fue llevada a Cuba por primera vez cuando los ingleses ocuparon esta isla en 1792. Este trabajo fue realizado por la logia militar británica N° 218, del regimiento cuarenta y ocho, irlandés. La segunda ola de masones llegó desde Haití en 1793, trasladando a esta isla, las logias Perseverancia y Concordia a Santiago de Cuba, y las logias Amistad y Concordia Benéfica a la Habana[23]. Actualmente funcionan trescientas sesenta y cinco logias en esa isla. Además de José Martí la masonería cubana ha aportado otros notables masones que van de personajes como el literato de lo real maravilloso, Don Alejo Carpentier, hasta el Rey del Mambo, quien según una vivencia del profesor Manuel Caballero en Venecia, vivía en una casa decorada como logia masónica y poseía el grado 33[24].

Esta región del Caribe en muy importante porque cuando hubo la explosión social en Haití, los masones que pudieron escapar llegaron a establecerse en Jamaica y Cuba. Jamaica nos interesa por cuanto a la relación que pudo haber tenido con el Libertador durante su exilio, hasta ahora solo sabemos de su amistad con Maxwell Hipslop, de la cual nos ocuparemos más adelante. En Haití se establecerán luego logias republicanas. Se dice que Petion fue masón, y que por eso ayudó a Bolívar. También es posible que el Mariscal de Ayacucho se hiciera masón en esa isla, al menos es primer momento y lugar donde pudo haberse

---

[23] Brockaway, Charles " *Freemasonry in Cuba.* p.203 en: Transactions of The American Lodge of Research, New York, Vol I, 1930 - 1932
[24] Manuel Caballero, Comentario en clases de maestría en el Instituto de Altos Estudios Diplomáticos "Pedro Gual" 1995

iniciado si es que alguna vez estuvo vinculado a la Orden, y de ser así tendría que ser en los tiempos que más compartió con el general Santiago Mariño, cuando en lugar de ir en la expedición de Los Cayos con el Libertador, siguió bajo el mando de Mariño, pasando primero por Trinidad, estando en Haití cumplió la edad requisito para ser iniciado[25]. El general Mariño por su parte, tenía familia en Trinidad, y para el momento de su muerte en 1854, era el masón de mayor rango y antigüedad de Venezuela, ocupaba el cargo de Serenísimo Gran Maestro del Gran Oriente Nacional de Venezuela, y Gran Maestro de la Gran Logia Provisoria.

La historia de la Masonería en Jamaica ha sido trabajada por el investigador Masón Seal Coon en un libro titulado **And Historical Account of Jamaican Freemansory**, publicado en 1976. Lo reconocimos por sus impecables trabajos de investigación histórica: **Simón Bolívar Masón** y **La Masonería Mítica de Miranda**, ambos publicados por la prestigiosa logia de Investigación histórica de Londres que cumplió su primer siglo de instalada en 1996. Esta logia de Investigación ha mantenido durante todo este tiempo la constancia de publicar cada año un volumen con interesantes temas y documentos útiles para investigación histórica relativa a los ritos y actividades masónicas.

Hasta la fecha es poco lo que podemos aportar sobre la vinculación de la Masonería en Jamaica sin la lectura de la investigación de Seal Coon de la

---

[25] Eloy Reverón, "Escarceos Masónicos" en: **El Investigador Venezolano** N 13, Caracas, Biblioteca Nacional, 1995

cual tenemos noticia por una reseña bibliográfica que escribió Frederick Smyth[26]. Aparte de esta reseña no hemos encontrado algún ejemplar de la obra, punto de partida obligatorio para el estudio de la Masonería en Jamaica. Comenta Smith que " *En este libro trata las actividades de Stephen Morín, Grasse Tilly, y otros cuyos nombres figuran de manera relevante en el relato de cómo el Rito de Perfección viajó de Francia a las Indias Orientales, durante el comienzo del fortalecimiento de este rito que estuvo estrechamente a Jamaica*".

Buscando este libro comentado por Smyth encontramos un paper firmado por el mismo autor con el título "Wellwood Hyslop, Jamaican Freemason"[27] destacamos el hecho que nos llamó la atención por ser hermano de Maxwell Hyslop quien fuera gran amigo de Simón Bolívar.

El 14 de mayo de 1815 desembarcó Bolívar en Jamaica desde un buque de guerra inglés y a los cinco días de su llegada dirigió una misiva al señor Maxwell Hyslop con el objeto de responder a la solicitud que Hipslop le había hecho según el texto de la misma. En ella le explicó los pormenores de la guerra. También informó que el comercio británico había perdido un comercio en Venezuela cuyas producciones en los tiempos más calamitosos montaba a siete millones de pesos anuales, y le advierte: ...; *pero la perdida incalculable que va a hacer la Gran Bretaña consiste en todo el continente meridional de la América, que, protegido por sus armas y comercio, extraería de su seno, en el corto*

---

[26] en el N 89 de **A.Q.C.** correspondiente al año 1976, p. 185.
[27] F. Seal Coon, en: A.Q.C. correspondiente al año 1976, pp 92 - 96

espacio de sólo diez años, más metales preciosos que los que circulan en el universo."[28] Luego de argumentar sobre las riquezas del territorio que recuperaban los españoles le hacía la estimación que con seis u ocho mil fusiles con sus respectivas municiones y medio millón de duros para financiar la campaña y le dice que *"Con esos socorros pone a cubierto el resto de América del Sur y al mismo tiempo se puede entregar al Gobierno Británico las provincias de Panamá y Nicaragua, para que forme de estos países el centro del comercio del universo por medio de la apertura de canales, que, rompiendo los diques de uno y otro mar, acerquen las distancias más remotas y hagan permanente el imperio de la Inglaterra sobre el comercio.(...) Acepte Vd. Los testimonios de más alta consideración y respeto de su obediente servidor. Simón Bolívar."*[29] La pregunta que sale al paso: ¿Quién era Maxwell Hylop para que Simón Bolívar le hablara en semejantes términos. Carnicelli señala que Bolívar tenía un amigo desde 1815. El señor Maxwell Hyslop, comerciante de origen escocés establecido en Jamamaica quien al enterarse de la enfermedad del Libertador, solicitó al gobernador de Jamaica, Earl de Belmore, el envío de un buque de guerra inglés a santa Marta con un médico cirujano, Sir Michael Benignus Clare, quien según el mismo Carnicelli, fue Gran Maestro Provincial de Jamaica, con sede en Kingstone desde el 12 de diciembre de 1816 hasta 1831, cuando regresó a Inglaterra[30].

[28] Simón Bolívar, **Obras Completas** Vol. I p. 134
[29] *Idem.*
[30] Américo Carnicelli, **La Masonería en la Independencia de América, Tomo II**, p. 286.

Masónicamente se podría especular suponiendo que Bolívar conoció a Maxwell Hyslop en la logia de Kinsgton o que simplemente se reconocieron como masones[31], y este último de ofreció ayuda. Pero al parecer no sólo dinero le dio, sino que lo hospedó en su casa. El historiador masón Seal Coon, citó una interesante nota al pie de página en carta dirigida por M.H. Maxwell a la señorita Ediht J. Hyslop le dice " *Es perfectamente cierto que tu abuelo y tu tío abuelo fueron comerciantes en Jamaica a comienzos del pasado siglo y estuvieron hasta el cuello por proveer y abastecer al Gran Bolívar con armas y almacén en Cartagena, Sur América. Además tengo particulares de mi padre de la boda de tu abuelo en la prisión de la Inquisición en Cartagena donde, después de haber sido capturado fue puesto prisionero y sentenciado a muerte por las autoridades españolas... Encontrarás en algún libro de la vida de Bolívar prontas alusiones a la familia. Una particularmente interesante recuerdo fue un intento de hacer asesinar a Bolívar en la casa de tu abuelo en Kingstown (sic), Jamaica...*" Sin embargo, al parecer Maxwell Hyslop no murió en esa oportunidad, porque el 20 de abril de 1930 Bolívar le responde una carta que le enviara Maxwell Hyslop, diciéndole que le era muy sensible saber que no le iba bien en los negocios y se ponía a su orden en lo que fuera menester.

Hyslop había nacido el mismo año que Bolívar y murió siete años después. La casa donde sucedió

---

[31] Augusto Mijares se refiere a Hyslop en los siguientes términos:*... un comerciante de Kingston que se le mostró particularmente amistoso, ...* en: *El Libertador*, p. 279

el atentado estaba ubicada en la calle Princes de Kingston. Como se sabe Bolívar se salvó porque el esclavo a quien habían mandado a matarlo se equivocó apuñalando a su amigoFélix Amestoy, quién lo esperaba y decidió utilizar su chinchorro al ver que Bolívar no llegaba.

Masonería en Margarita

Los estudios de la Masonería en esta zona los realizó por primera vez el Académico Profesor, poeta e investigador neoespartano, Jesús Manuel Subero, quien dedicó un folleto a la Masonería en Margarita. Un hombre que se ha dedicado a rescatar las tradiciones margariteñas y la historia de nuestras instituciones de la indiferencia y el olvido al cual se habían sometido.

Todos estos méritos no restaron energías a su paciente labor para recopilar 121 páginas dedicadas a lo masónico en Margarita. Comienza llamando "Tres Toques" al capítulo introductorio[32]. Advierte su condición de profano como un elemento que multiplica su dificultad para investigar un tema relativo a *los hijos de la viuda*. Sin embargo me permito señalar que esa circunstancia de no pertenecer a la institución de la Escuadra y el Compás multiplicó su esfuerzo, es cierto, pero lo liberó del prejuicio que prevalece como elemento de mayor incidencia en los escritores masones cuando investigan sobre su

---

[32] Tal como decía mi primera suegra, Doña Josefina de Veloz Mancera que tocaban la puerta los masones, a quienes bordaba mandiles con hilos de plata para sus ceremonias.

madre logia, la viuda de Hiram, conocida en el argot profano como la Masonería[33]. Pero lo más relevante es que esta circunstancia le permitió un punto de vista diferente al resto de los investigadores que analizamos para el presente ensayo.

Investigó la vida de cada una de las logias margariteñas con un obstáculo más serio que no ser masón: se lamenta de la carencia de documentación, pero eso no lo detiene en su empeño por ordenar todos los datos con que cuenta. Comienza con la logia San Juan de la Margarita y la de Los Corazones Unidos, las cuales se reunían en Pampatar.

Su convicción relativa a la existencia se basa en un cuento que recogió de la tradición oral y la fantástica creatividad masónica relativo a la relación de la logia de San Juan en los días iniciales de la emancipación cuando el general Mariño buscó refugio en ese templo, por temor a correr la misma suerte que el general Manuel Piar condenado a muerte en esos días. Es posible y no tiene nada de particular que Mariño hubiese pedido asilo a los masones de Panpatar, o a los miembros de su logia militar. Pero lo que nos interesa es la logia de San Juan. Si Subero hubiera tenido en sus manos el Catecismo para Instrucción de los Aprendices[34] hubiese podido leer la

---

[33] Cuando investigan sobre el pasado masónico, tratan de encontrar héroes masones hasta donde no los puede haber.

[34] Luis F. Correa & Luis Delgado Correa, *Catecismo para la Instrucción de Aprendiz del Rito Antiguo Escocés y Aceptado*", 1854, Reeditado en 1992 en: Cuadernos Ivem N 1, Caracas, Ed. Del Instituto Venezolano de Estudios Masónicos, 1992, p. XXI.

pregunta que se le hace al Aprendiz Masón: "*De Donde venìs H:. Mío*" Y el Aprendiz debe responder: "*De la Logia de San Juan. (...) Allí se elevan templos a la Virtud, y se cavan calabozos a los Vicios*" Atención, es necesario saber qué significa la logia de San Juan. En el caso de Mariño y en cualquier lugar y a la hora que se encuentren siete masones se conforma una logia, la logia de San Juan simboliza la logia donde se iniciaron todos los aprendices del Rito Escocés Antiguo y Aceptado, la logia Madre. El cuento cuya tradición oral recogió Subero, es algo tan sencillo como la memoria de una reunión de siete masones, mínimo, en la cual el general manifestó su temor de sufrir la misma suerte de Piar, y posiblemente le hayan dado refugio.

Desde el punto de vista de la alegoría masónica no es necesario que exista un templo para que exista una logia. Una logia perfecta la conforman siete masones, no incluye el inmueble o templo, al cual también se le llama logia[35].

Si nos dejamos conducir por los razonamientos históricos de Subero y aceptamos como cierta la afirmación que el autor fundamenta en la obra de Américo Carnicelli[36] que la logia San Juan de la Margarita fue fundada en 1823. Entonces por deducción lógica, según los datos suministrados por Subero, Mariño fue a pedir auxilio para que Bolívar no lo fuera a fusilar, seis o siete años después de haber sido fusilado Piar cuya

---

[35] Correa & Delgado Correa, *Ob. Cit*. P. XXI.

[36] " La Masonería y la Independencia de América", no cita página, ni edición, etc.

instrucción penal se inició el 3 de octubre de 1817[37]. No encontramos lógico que se forme una tradición oral originada en un relato donde Mariño hubiese visitado una logia, con una anticipación de siete años de ser fundada.

Otro detalle que debemos comentar es el dato que le proporcionó José Miguel Rivas Bravo[38] quien le señala que la primera logia fundada en Sur América fue la logia San Juan de la Margarita porque esta logia dependía de la logia España de Madrid y que había trabajado desde 1808, pero que con motivo del arribo al puerto de la escuadra de Pablo Morillo en 1815, abatió columnas hasta reorganizarse nuevamente en 1822 cuando obtuvo su carta patente con el número 17, pero suspendió los trabajos en 1825. Luego fue reorganizada en 1830 y de nuevo recibe carta patente en 1838, suspendiendo sus trabajos de manera definitiva en 1840, debido a la situación cismática que vivía el mundo masónico durante esos años.

Finalmente señala que en 1857, un grupo de masones de la logia Perfecta Armonía de Cumaná, fundó la logia Corazones Unidos en Pampatar, la cual se mantuvo activa hasta 1867. Como podemos apreciar, la vida masónica en la isla tuvo

---

[37] José Gil Fortoul, *Historia Constitucional de Venezuela,* Vol I, Edición de 1953, p.386.

[38] José Miguel Rivas Bravo fue un agente viajero, cuyo tránsito por el país le permitió recopilar gran cantidad de documentos masónicos, lo que le permitió escribir un trabajo titulado: "Historia del Templo Masónico". Cuando Rivas falleció, sus herederos vendieron su biblioteca la librería Historia de Caracas. La Dirección de Libros Raros de Biblioteca Nacional logró adquirir una importante sección de la misma, pero mientras realizaba los trámites necesarios para adquirir el resto, una Universidad del Estado de Texas, se llevó lo que quedaba.

muchas dificultades para lograr cierta continuidad en sus trabajos y por consiguiente, considerable dificultad para precisar sus orígenes históricos.

Termina señalando: *"Quedan estas opiniones de Rivas Bravo, como un llamado a los historiadores de la masonería en nuestro país, a objeto de comprobar, apoyados en las fuentes documentales incontrovertibles, el hecho histórico trascendental de que se fundara en la isla de Margarita, la primera logia masónica de Sur América.*[39]*"*

Ya hemos visto que en las islas del Arco Oriental, incluyendo a Trinidad ya existían desde hacía muchos años antes de la referencia de Rivas Bravo. Otro testimonio relevante sobre la Masonería en Margarita lo constituye una legendaria logia de la cual existen varias referencias públicas, entre ellas, un artículo inspirado en un documento del Archivo General de la Nación publicado en la prensa de Caracas, con el título de "Masonería Guaiquerí"[40], donde el autor interpreta el término *murator* haciendo una suerte de relación con otra idea relativa a la cacería de ratón o murador: *" 'Murator, según el diccionario, es él gato hábil en la caza de ratones'. Sin embargo, la habilidad no fue tanta, porque fueron descubiertos."* Si recordamos la imagen de los roedores encubiertos por la complicidad de la noche, caminando entre los muros, no es difícil evocar el sentido que asigna el autor, sobre todo si podemos construir la imagen de un grupo de monjes sigilosos caminando a la

---

[39] SUBERO, José Manuel **La Masonería en Margarita,** Pampatar, Imprenta Oficial del Estado, sin fecha, ni pie de imprenta, p. 121
[40] Guillermo Briceño Porras, director del Archivo General de la Nación.en: **La Razón**, Caracas, 15 de septiembre de 1996.

sombra de los muros, con rumbo hacia reuniones secretas celebradas a la media noche en punto. Pero en el Diccionario de la Real Academia de la Lengua Española, el significado del vocablo aparece en dos sentidos por separado; en el primero, relativo a murar que corresponde a la caza del ratón por el gato; y el segundo que nos parece más adecuado para el caso: pensar que *murator* podría venir de murar[41] de muro, o mejor aún, destacar que la bula papal que proscribe las reuniones secretas utiliza la acepción de ***liberi muratori,*** que es el calificativo popular asignado a los albañiles o alarifes[42]. Mazones o constructores de obras sacras en español. Para ser recibido masón, se exige por tradición, ser libre y de "buenas costumbres." Lo esencial es que la época de emisión del documento, en Europa, ya no se reunían para proyectar los modelos de construcción porque las catedrales ya estaban hechas, la sociedad de ***liberi muratori***, se reunía para pensar en la manera más adecuada para construir una nueva sociedad. Una sociedad de pensamiento, o un sindicato de obreros ociosos que preparan una liturgia para practicar rituales vinculados al oficio de la construcción, y tratar de utilizarlos para construir el templo interno de un ciudadano.

---

[41] Murar: (de muro) Cercar y guarnecer un muro, fortaleza o cualquier recinto. En este caso el recinto donde se reúne la logia. No murar, de cazar el gato a los ratones.

[42] Alarife: viene del árabe, maestro, entendido, oficial, arquitecto o maestro de obras. En Uruguay se utiliza para identificar a la persona jactanciosa o segura de sí misma.

La Orden Masónica surgió del seno de la Iglesia Católica. Los primeros masones fueron constructores que se agrupaban en guildas, una suerte de sindicatos de artesanos y obreros que para 1717 habían entrado en decadencia, los había dejado atrás la "crisis del pensamiento europeo" el oficio de mazonero[43], no era lucrativo hasta que cuatro desocupados albañiles decidieron montar un diseño de sindicato exótico, con toda la pompa, el ceremonial, y el protocolo reservado hasta épocas (recientes a ellos), a la nobleza. Un selecto club para la creciente clase social que intentaba aglutinar a la nobleza decadente con la emergente burguesía. Los únicos que podían ser libres y de buenas costumbres. Es mucho más preciso evocar la tradición de los mismos monjes constructores de sus iglesias, alarifes moros, albañiles y mazones[44] españoles, maçons franceces, freimaurerei alemanes, free masons ingleses, en sus reuniones en logia, tenidas reguladas por un estilo, un ritual, un protocolo y una ceremonia común inspirada en el simbolismo de los instrumentos de construcción. Otra es la herencia masónica común a la de los masones especulativos constructores de sociedad, y son logias lautarinas, que aunque, no eran sociedades masónicas propiamente dichas, inspiraron la regulación de sus reuniones y ceremonial, de las tenidas masónicas.

---

[43] Mazonero: albañil.

[44] El Diccionario de la Real Academia identifica la idea de mazón con zeta, al obrero que se dedica a las obras de mazonería o masonería operativa. En los documentos del siglo XIX, muchas logias de masonería especulativa lo escribían con zeta

Lo aventurado, y lo más común ha sido establecer relaciones directas con la Masonería cuando se trata de grupos que se reúnen imitando la estructura de las logias de masones que se organizaban, tanto en monasterios como en los regimientos militares.

Nada tiene de particular la existencia de algún grupo de masones en un convento o lugar relacionado con ella. En la catedral de Santo Domingo fue hallada una mazonería (con z) o grabación en relieve de una escuadra y un compás en la pared del campanario. Este símbolo es representativo de la Orden desde su período operativo de las guildas o gremios de obreros de la construcción. Después de la Reforma y la Contrareforma, las fraternidades masónicas debieron haber hecho grandes esfuerzos para mantenerse al margen de los asuntos religiosos y políticos. Les convenía mantenerse unidas por cuestiones profesionales, y en cierta forma mantenerse al margen del cisma por ser una organización más operativa que religiosa.

El conflicto religioso trastocó la realidad de la Iglesia abarcó todas las esferas de la vida social, política y religiosa, la Mazonería (sic) entró también en crisis. En la Bula papal *In Eminenti*, firmada por Clemente XII, en 1738, quedaron proscritas ciertas *...Sociedades. Compañías, Asambleas, Reuniones, Congregaciones o conventículos llamados en el lenguaje popular liberi muratori o franc masones o por otros nombres de acuerdo a los diversos lenguajes, se están* *extendiendo a lo largo y lo ancho y creciendo en fuerzas diariamente; y los hombres de cualquier religión o secta, satisfechos con la apariencia de la probidad natural, son asociados de acuerdo a sus leyes y a los estatutos establecidos para ellos, por un vínculo estricto e irrompible que les obliga, tanto por un juramento sobre la Santa Biblia como por un patrón de sanciones dolorosas, como a un silencio inviolable sobre todo lo que hacen juntos, en secreto."[45]*, se encontraban los masones bajo la protección y dependencia de la Iglesia... *Los albañiles se encontraban bajo la protección de la Iglesia, por encima de las leyes particulares y de los poderes temporales."[46]* Es cierto que por su estructura modelo de sociedad secreta, inspiró a organizaciones clandestinas de revolucionarios. También es cierto que se acusaba de masón a cuanto libre pensador, ateo o revolucionario fuese sorprendido por la Iglesia. En la misma forma como en los años sesenta señalaban como filósofo al que pensara, y de comunista al que protestara por algo. Existe un vicio que consiste en confundir a los masones con otras sociedades secretas porque estas últimas conformen logias. Así como de atribuir a la manos oculta de la Masonería, la inspiración para la Revolución Francesa y la emancipación de Hispanoamérica. Carecemos de espacio para explicar detalles relativos a la evolución histórica de la Orden. Solo podemos señalar que la Masonería católica que se había

[45] Bula *In Eminenti* Clemente XII, 1738. Esto certifica la excomunión o condena de la Orden por parte de la Iglesia Católica, pero desde los tiempos de Bonifacio IV (año 614)
[46] .Maurice Colinon, La Iglesia frente a la masonería, P.20

formado en las guarniciones de los irlandeses católicos jacobistas refugiados en Francia desde que los expulsara Guillermo de Orange, creció y se expandió en Francia. Después de la Revolución desapareció el Gran Oriente Francés, y las logias quedaron reducidas a clubes políticos. La Masonería se mezcló con la orden Rosa Cruz y adoptó diferentes ritos, pero siguió el camino a perpetuarse como institución universal, la cual en Venezuela se organizó como consecuencia de la emancipación en 1824. Según observaciones que hizo el Dr. J.A. Ferrer Benimeli,[47] en relación al documento mencionado por Briceño Porras[48], debió ser una legendaria logia evocada como logia de San Juan de la Margarita, la cual no le hemos encontrado relación con la masonería que vino organizada entre las guarniciones militares; tanto en las comandadas por el general Morillo, como en la Legión Británica. En todo caso no se trata de una logia federada a la Masonería internacional, sino de una fraternidad de *liberi muratori* organizada en el seno de la Iglesia y calificada como logia de masones por parte de los citados sacerdotes.

El aporte más interesante con respecto a dos cartas[49] del Cura Rector de la Isla de Margarita

---

[47] Diccionario Histórico, Fundación Polar, Caracas,

[48] Es necesario esperar que el Archivo General de la Nación culmine su proceso de mudanza para que podemamos acceder a ese documento, según conversación del doctor Briceño Porras con el autor el día 17 de febrero de 2000

[49] Reproducidas por Jesús M. Subero, miembro de la Academia Nacional de la Historia y cronista de Porlamar en: *La más antigua Logia Masónica de Venezuela,* p.6. Aunque no cita la procedencia de las cartas, son las mismas de la caza de ratones que comenta Briceño Porras del Archivo General de la Nación.

a Pedro Francisco Esteves, lo hizo Francisco Franco[50], las cuales fueron enviadas el 14 y el 19 de agosto de 1807 al Provisor Vicario General de Guayana, Domingo Remigio Pérez Hurtado para comunicarle y advertirle que se habían realizado dos reuniones muratores en la ciudad de La Asunción, lo interesante es que son los miembros del ejército iniciados: *"... En la noche del día indicado, se juntaron en una celda del Convento de San Francisco de esta Ciudad en calidad de Masones o Muratores, el señor Gobernador Don Gaspar de Cagigal, el Reverendo Padre Guardián de dicho Convento, Fray José Ignacio Gutiérrez, el Comandante de Ingenieros Don Francisco Xavier Solá, el Capitán de Milicias Don Rafael de Guevara; el Teniente de las mismas Don Francisco Aguado, Don Francisco Olivier vecino de la clase privada, Don Juan Marzán y Don Sebastián Baillehache comerciante de las colonias extranjeras, y residentes en esta Isla, con el fin de iniciar, o dar la investidura de murator, el Subteniente de Infantería del Batallón veterano de Caracas Don Ignacio Zárraga ... al siguiente día comieron en casa del señor Gobernador."[51]* Es fácil pensar que se trata de la misma masonería monárquica, que aún no termina

---

[50] : "Historia General de la relación entre la Iglesia y la Masonería"(Estudio General y Apuntes para el caso Venezolano y Merideño).Mérida, U.L.A., 1994. P. 116

[51] Jesús M. Subero, **La más antigua Logia Masónica de Venezuela**, p. 6. Citado por Franco en: *"Historia General de la relación entre la Iglesia y la Masonería"(Estudio General y Apuntes para el caso Venezolano y Merideño).*Mérida, U.L.A., 1994. P. 116

de romper su cordón umbilical con la Iglesia Católica, con las características de la Masonería del siglo XVIII, antes de que la Revolución Francesa y el liberalismo marcaran sus influjos para conformar las características más relevantes de la Masonería del siglo XIX. Es necesario investigar la relación de Don Sebastián Baillehache y la logia de los tres candiles en Trinidad. Pero en todo caso a juzgar por la procedencia y los oficios de los miembros, podemos pensar que la logia surgió del convento al cuartel o desde el mundillo de las relaciones comerciales y los puertos al convento, porque los oficiales españoles no llegaron iniciados de España, y si provino de España fue desde el seno de la misma Iglesia.

Lo que no logró entender el Historiador Francisco Franco, por no haber revisado archivos masónicos del siglo XIX, es que los masones carecen de la tradición histórica que él afirma que existe en las logias, y que esa fiebre proselitista de la *Masonería Heroica* proviene de un diseño preconcebido en 1950[52], con algunos antecedentes en 1930.

---

[52] Durante el Bicentenario del natalicio de Francisco de Miranda, la Masonería Venezolana inicia el culto oficial a la personalidad del precursor. Naturalmente que esto es producto de la decadencia de la Orden en Venezuela por incapacidad para adaptarse a los cambios surgidos en el mundo como consecuencia de las guerras mundiales. Fue durante esta época que sustituyeron de los nichos externos del Gran Templo a las estatuas que representan la Fuerza y la Belleza a los lados de la sabiduría representada en las columnas salomónicas que decoran el monumento. Para sustituirlas por dos prototipos de héroe masón, agregándole la ironía, que no hemos podido encontrar evidencias de la condición masónica de Miranda, y que Guzmán, más que un héroe masón, fue un político hábil que supo utilizar a la organización para su demagogia.

Logias en Tierra Firme

La organización institucional de la masonería venezielana fue posterior a la guerra civil que terminó con la salida del Ejército español, y el armimisticio. La Independencia reconocida militarmente después de la batalla de Carabobo, tampoco terminó con los levantamientos e invasiones que a menudo eran perpetuadas desde Cuba y Puerto Rico. Aunque después de 1823, el ambiente se comienza a prsentar favorable para la instalación de logias y regulación de logias de campamento. Esta realidad no se manifiesta como un caso aislado en el resto de la América Meridional : *"La aparición de la masonería es, pues, en la mayoría de los casos bastante posterior a la independencia. Y en otros casos cabría preguntarse si la presencia de la masonería en Hispanoamérica es causa o más bien consecuencia de la independencia[53].*

Por eso es necesario advertir que existe demasiada especulación y poco documento para emitir juicios que nos permitan establecer con elevado índice de precisión a la hora de localizar gran cantidad de filamentos que se acercan hacia el presente hasta conformar las raíces históricas necesarias para dibujar el árbol genealógico de la Masonería en Venezuela. Los diferentes bocetos de las versiones elaboradas se contradicen, en muchos casos acusan falta documentación y ausencia de crítica

---

[53] J. A. Ferrer Benimeli, *Masonería Española Contemporánea* Vol. I p. 148.

historiográfica relativa a las afirmaciones que elaboran.

Con frecuencia el mito se confunde con la realidad y conforman un mestizaje mágico, donde los símbolos juegan un papel preponderante en el proceso de interpretación de la imagen para explicarla con las palabras adecuadas, y sobre todo definirla en un modo de ser masónico. La conducta colectiva de los masones se rige por la práctica de un ritual que induce una serie de principios morales y espirituales expresados en las ceremonias. Cada generación interpreta el peculiar mensaje del rito y conforma una suerte de realidad mitológica que nos habla menos de un acondicionamiento mental que de una conducta que se acopla perfectamente al modo de ser de cada siglo y sociedad.

Con una estructura masónica del siglo XX, o del XIX no se puede interpretar a un hombre del siglo XVIII como es el caso de Don Francisco de Miranda[54] a quien, desde mediados del siglo XX se le considera como fundador de la Masonería[55], no sólo de Venezuela, sino de todo un continente. En el caso específico de Venezuela, la Masonería de la segunda mitad del siglo XX no hizo más que admirar el heroísmo de sus fundadores hasta soñar

---

[54] En el siglo XIX encontramos a un solo caso, el de Landaeta Rosales que menciona a Miranda como fundador de la Logia Colón, la cual fue una logia política que organizó Miranda para la Constituyente de 1811 (citado por Tavera Acosta en el trabajo de Salvati.

[55] Salvati recoge un texto de Tavera Acosta donde afirma que la primera logia fue la Colón, fundada por Miranda en 1811, y su desaparición con la caída de la Primera República. *Ob. Cit*. P.73. Esta debió ser una logia política, no existen motivos para pensar que se trata de una logia masónica.

con ese liberalismo romántico, mezclado con una racionalidad ceremoniosa de pomposos discursos con protocolares condecoraciones para exaltar el culto a la personalidad expresado con coronas fúnebres durante los aniversarios de los héroes aclamados, y en el mejor de los casos, imitar el sentido de una Masonería más mirandina y bolivariana, que esotérica y colectiva.

Cuando me pregunto ¿cómo llegó la Masonería al siglo XXI? Siento necesidad de preguntar algo que no se debe preguntar un historiador: ¿qué hubiera sido la Masonería venezolana de la segunda mitad del siglo XX si Francisco de Miranda hubiera sido masón?. Aunque preguntas semejantes no suelen tener respuesta, esta es sencilla, y no pertenece al género de la historia ficción. Hubiera sido el mismo ceremonial, porque todos han creído en Miranda Ilustre y Poderoso Fundador de la Orden en Venezuela[56].

A continuación revisaremos las versiones que sobre las primeras logias nos ofrecen autores masones impregnados de esas creencias y sentimientos cargados de religiosidad patriótica a los cuales intentamos contraponer una visión más escéptica adepta a la crítica historiográfica y a la verificación de las fuentes.

Muchos masones venezolanos coinciden al indicar el año de 1808 como fecha de llegada de la Masonería a Venezuela. Unos escritores lo hacen

---

[56] De igual manera si la experiencia masónica del joven Simón Bolívar hubiera ido más allá de los tres meses que habrá asistido a la logia San Andrés de Escocia de París durante sus vacaciones en Europa.

fundamentados en datos obtenidos a través de una continua repetición de un autor que no citan, pero descubrimos que provienen de una fuente bibliográfica, editada por primera vez en París en 1848, traducida e impresa en Venezuela en 1858. La sección de Libros Raros y Manuscritos de la Biblioteca Nacional de Venezuela conserva varias ediciones, tanto en francés como en español traducida por José de Jesús Castro y editada en su propia imprenta con el título de *Historia de la Masonería*, F.B.T. Clavel. De esta obra existen muchas reediciones, y hasta algunas ilegales. Pero los ejemplares que conserva la Biblioteca Nacional, son verdaderamente hermosos por sus grabados.

La edición de Castro está fechada en 1858, a cincuenta años de haber llegado la Masonería a Venezuela, según Castro en 1808. Su fuente puede ser la tradición oral, cercana en el tiempo a los hechos. El original de Clavel no señala fecha para la llegada de la Masonería a Venezuela. El dato de la llegada de la Masonería a Venezuela en 1808 fue agregado en una nota del traductor en la edición de J. J. Castro en 1858.

Otros autores mencionan como primera logia establecida en Venezuela la Logia Patria N 890 fundada el 2 de diciembre de 1814. Manuel Salvatti en 1918, fue el primer autor que escribe sobre este hecho en sus *Anotaciones Históricas de la Masonería en Carúpano*, y José Policarpo Reyes Zumeta en 1927 también lo expresa durante una conferencia realizada en el Rotary Club[57]. Juan

---

[57] Nicolás Navarro *La Masonería y la Independencia* (A Propósito de unos reparillos) p. 19

Bautista Ascanio Rodríguez señala en la **Gaceta Masónica** [58]a 1809 como fecha de la fundación de la logia Unión, debemos agregar que lo hizo corrigiendo lo que consideraba un "yerro histórico" y que ignoramos qué fundamentos tenía para tal afirmación. Monseñor Navarro Menciona la logia Colón a la cual relaciona con el general Morillo en 1818[59].

En su folleto sobre la Masonería en Margarita publicado en 1981, José Manuel Subero le agrega como acápite el acuso de recibo de la copia de una carta firmada por José Miguel Rivas Bravo, obtenida a través de su amigo el Dr. Salvador Villalba Gutiérrez, donde se afirma que la primera logia establecida en Sur América fue la denominada San Juan de la Margarita en Pampatar fundada en 1808. Según la versión que nos ofrece, esta logia dependía de la Logia España de Madrid, y suspendió sus trabajos en 1815, después del arribo de la escuadra del general Pablo Morillo al puerto de Pampatar. Todo lo expresado al respecto es resumido de la carta.

 No obstante encontramos cierta contradicción en este relato a la hora de pensar en la manera como nos describe que esta logia se disolvió porque sabemos que existen algunos indicios de que el general Morillo estuvo vinculado a las logias militares, aunque no existen pruebas positivas. Esto nos genera una nueva duda: Si Morillo fue tan fraternal y tan masón como lo hemos percibido,

---

[58] de 17 de mayo de 1928, N 21 p.3
[59] Nicolás, Navarro *La Masonería y la Independencia* (A Propósito de unos reparillos) p 22.

¿ Porqué habría de destruir una logia? Menos cuando venía con instrucciones de pacificar "de la manera más fraternal." Quizás la relación de Morillo venga por la vía de las guarniciones de Wellington que estuvieron en España, logias del oficio militar, pero carecemos de mejor información respecto a la logia San Juan de la Margarita; en el caso de que se trate de una logia establecida, y no de una reunión de siete masones como hemos apreciado.

También debemos insistir en que desde 1976, investigadores masones europeos acusan la existencia de logias en el Caribe desde antes de la Revolución Francesa, y que a causa de la persecución por parte de los funcionarios del gobierno revolucionario, estas logias se trasladaron a islas españolas como Trinidad y Cuba[60].

Un grupo importante de masones llegó en las naves de guerra con la Legión Británica, para participar en la guerra de emancipación, en 1817[61]. Otro grupo con el ejército español que vino con el General Pablo Morillo, para invadir la Costa Firme en 1814[62]. Habían masones en ambos lados de la contienda de emancipación [63]. También habían católicos en ambos bandos pero aún son

---

[60] SEEMUNGAL, Lionel. "Los Indicios de la masonería en Trinidad" en: *A.Q.C. Vol 88,* Londres, 1977, pp. 199-206

[61] Gustavus Hippisley " Transcripción de la página 320, relativa a la Logia de Hamilton" en: *A Narrative of the expedition to the Orinoco and Apure in South América* London, Ed.John Murray, 1819, p. 320, Archivo IVEM, Caja 18, Exp, 08

[62] Navarro, Nicolás, *La Masonería y la Independencia,* Caracas, Ed. Sur América, 1928

[63] Ferrer Benimeli, en *Diccionario Histórico*, Fundación Polar

imprecisas las federaciones masónicas a la cual pertenecían.

Existen publicaciones que aseguran que la constitución de la primera logia venezolana fue en Carúpano en 1814, conocida como la logia Patria[64]. Otras hablan de La Asunción[65], o de la logia Protectora de las Virtudes N 1 de Barcelona fundada en 1812[66]. La Logia Cartago en La Guaira en 1809.[67] Pero las referencias bibliográficas más antiguas que se conocen provienen de la época de internacionalización de la Guerra de emancipación. Los primeros masones que dejaron testimonio de su presencia como tales son de origen europeo, una vez más como en las Islas del Caribe, dentro de las guarniciones militares británicas francesas y españolas.

Masones sin logias en Venezuela

Nuestra ruta de información para lo esencial de este trabajo es el seguimiento de documentos manuscritos e impresos provenientes de la Orden, dentro de lo que incluimos los testimonios escritos por masones contemporáneos al período estudiado. Las publicaciones posteriores provienen de los que han intentado historiar este período y no podemos saber si se han fundamentado en revisiones documentales, o

[64] SALVATTI, MANUEL A. *Anotaciones Históricas sobre la masonería en Carúpano desde 1814 a 1918* México, Ed. Menphis, 1962, 59 p. Recopilación IVEM N 19, Caja 19 N 1 fls 4-32
[65] Subero, Jesús Manuel, *La más antigua logia masónica de Venezuela*. P.6.
[66] Storns, Francisco, *Respetable Logia Bolívar y Murillo Nº 91*, p 122
[67] Trabajo colectivo de la Logia Unanimidad de La Guaira

porque no las mencionan o porque los pocos manuscritos que existen han sido ignorados en la mayoría de los casos. El primer documento masónico que puede darnos algo real o tangible de la existencia de logias masónicas lo constituye la solicitud de Carta Patente de una logia de Valencia a la logia Amistad N 25 de Meryland[68]. Firma como Venerable Maestro el general José Antonio Páez, entre el resto de los firmantes destacamos Juan Uslar, José Abreu de Lima, Pedro Celis, George Woodberry, Luis Flegel, V. Torres, Juan de Escalona Arguinzones, Pedro Guillén, todas sus firmas aparecen en esta hoja firmada y fechada 9 de julio de 1823. En la carta menciona a un hermano estadounidense Jhon King que pertenecía a la logia masónica de La Guaira. Señala que este hermano había recomendado a las logias de Barcelona y Cumaná solicitar una carta patente. Pensamos que se trata de las logias Protectora de las Virtudes N 1 y la logia Perfecta Armonía N 2 de Cumaná; a la logia Unanimidad de la Guaira le asignaron el número tres, pero no la mencionan en el citado documento.

Las investigaciones que hemos realizado hasta el presente nos señalan que la logia Amigable N 25 de Maryland aún existe y es susceptible a investigación para saber el resultado de esas cartas[69].

El segundo documento lo constituye un salvoconducto que identifica al H:. Dionicio Egan para viajar de Achaguas hasta Panamá durante el

---

[68] Archivo **A.N.H.** año 1823. Solicitud de Carta Patente. Hoja suelta
[69] *Idem.*

año de 1817[70]. Entre los masones que llegaron de Inglaterra vale destacar al comerciante James Hamilton, quien instaló una logia de masones en su casa en Angostura. Narra Gustavus Hippisley, la existencia de una logia en esa ciudad del Orinoco donde se reunían los masones británicos[71]. Otros legionarios llegaron de Francia, como Perú de la Croix, Américo Carnicelli reproduce su nombre en la lista donde figura como fundador de la logia Beneficencia de Cartagena con el grado 33[72] y Pedro Antonio Leleaux[73] donde figura como miembro afiliado a la logia Fraternidad Bogotana N 1. También de Alemania como Johann Von Uslar Gleichen, mejor conocido como Juan Uslar. Y de Estados Unidos, como el Prócer brasileño José Abreu de Lima, quien de Pernanbuco fue a vivir a Estados Unidos, y después a Venezuela.

A estos masones les sumamos algunos criollos como Santiago Mariño, posiblemente iniciado en alguna de las islas del Arco Oriental de Caribe, en Trinidad[74]; Santos Michelena: Tomás Michelena afirma que se recibió como maestro en la logia N 73 de Philadelphia en 1816[75], habría que verificar esta afirmación porque en 1816 tendría 19 o 20 años, muy joven para ser masón, al menos que

---

[70] Archivo de la Gran Colombia, microfilmado en la Fundación Boulton

[71] **Ob. Cit.** p 320

[72] **La Masonería y la Independencia de América**, Vol .II, p.369

[73] **La Masonería y la Independencia de América**, Vol. II, p. 362

[74] Según Nuñez Matey, en agosto de 1809 en la logia Los Hermanos Unidos N 251, de Puerto España, Trinidad, citado por Carmen Brunilde Liendo en: **Anuario de Estudios Bolivarianos** N 1 1990

[75] Santos Michelena, **Reseña Biográfica** p. 181

fuese hijo de masón[76]; y Simón Bolívar que vivió su experiencia masónica en la logia San Alejandro de Escocia de París, a fines de 1805.

Luego se fueron formando logias de campamento en las guarniciones militares británicas donde se deduce que fueron iniciados personajes como el General José Antonio Páez, documento mediante el cual podemos verificar que en 1823, las logias de Barcelona y Cumaná, junto a la de Valencia habían solicitado carta patente a la Logia Amigable N 25 de Maryland. En 1817 tenemos a Mariano Montilla, iniciado en Angostura, por testimonio del legionario Gustavus Hippisley[77], quien asegura haber asistido a su iniciación. También existe masonería mítica como la de Picornell, Lax, y Campomanes, mito que parte de una anécdota referida a una conspiración incluida en Tomo XXXIII de la *Enciclopedia Universal Ilustrada* de Espasa Calpe, impresas en Madrid, en aparte dedicado a la Masonería, donde no se llegó a afirmar que los conspiradores de los Cerrillos de San Blas, eran masones, pero así se quiso interpretar. Algo parecido sucede con Miranda: los investigadores masones en Inglaterra no han encontrado rastros de su vida masónica, especialmente Seal Coon. Sus logias eran políticas y masonizadas. Encontramos más indicios de una Masonería Mirandina que de un Miranda Masón[78].

---

[76] ver Landmarcks, en apéndice Carmen Brunilde Liendo en: *Anuario de Estudios Bolivarianos* N 1 1990

[77] Gustavus Hippisley *Ob. Cit.* p 320

[78] Eloy Reverón, "Mito y Realidad en la Historiografía Masónica", en: *Anuario de investigaciones históricas Bolivarium*, N 4, Caracas, Universidad Simón Bolívar, 1995

Ni siquiera Américo Carnicelli encontró la más leve huella documental después una buena labor de recopilación documental y bibliográfica. La Gran Logia de Venezuela con sede en Caracas fue fundada por Diego Bautista Urbaneja el 24 de junio de 1824[79]. Suspendió sus trabajos a finales de 1828 como consecuencia del decreto firmado por Simón Bolívar, mediante el cual se proscribieron las sociedades secretas[80]. Hubo una segunda fundación en 1838[81] en cuya reproducción del Acta se hace mención de la primera fundación. Esta Gran Logia sancionó su primera constitución en octubre de 1849, que mantuvo su unidad organizacional hasta 1851, y soportó un cisma que la mantuvo casi inactiva hasta la fundación de la Gran Logia Provisoria representada por su Serenísimo Gran Maestro, General Santiago Mariño Gran Logia Provisoria en 1854, la cual quedó organizada a comienzos de 1854. Paradójicamente es la Gran Logia Provisoria la que ha llegado hasta nuestros días, no sin soportar varias divisiones, hasta el extremo de existir en la actualidad cinco Grandes Logias separadas. Siendo uno de los principios fundamentales de la Orden, precisamente la unión.

---

[79] Según versión oficial de la Gran Logia de Venezuela.: en **Boletín Oficial, Documentos,** Tip. Garrido, 1952. En este documento consta el registro de la Personería Jurídica, y el acta Constituyente transcrita está fechada 9 de septiembre de 1838. Aquí hacen mención a una Gran Logia de Colombia con sede en Caracas la cual carece de respaldo documental.

[80] **Decreto de 28 de nov de 1828**, Firmado Simón Bolívar, en: Archivo del Libertador Sección O´Leary, T XXVI, flo 61 y vto.

[81] Gran Logia de Venezuela ,**Boletín N 5 Documentos Gran Logia** 1956,

Para poder establecer con precisión la genealogía de las logias masónicas es necesario superar una serie de obstáculos. El principal, como podemos apreciar, es la escasa documentación que se dispone al respecto. Pero el obstáculo más difícil para los que se inician en el tema lo constituyen las abundantes referencias bibliográficas provenientes de tradición oral, mejor influenciadas por la fantasía que por la investigación y la crítica, que parten de deducciones o especulaciones poco trabajadas, tal diversidad de versiones bibliográficas, provenientes de autores que no revelan sus fuentes, en la mayoría de los casos porque carecen de ellas, o se fundamentan sobre deducciones que parten de fuentes indirectas o ajenas a la Orden, en el mejor de los casos.

Logias venezolanas antes de 1823

Las referencias a logias venezolanas, con fecha anterior a 1823 provienen de fuentes bibliográficas poco precisas, y sin el respaldo documental mínimo como para tomarlas en serio. Con la excepción de Américo Carnicelli que reproduce diplomas, documentos, inicia la elaboración de la lista de los masones de la primera mitad del siglo XIX, y preparó un excelente acopio bibliográfico, sin por eso dejar de permitir que su entusiasmo por la Orden lo hiciera exagerar un poco el discurso cuando se refiere a asuntos heroicos, por demás propio de su generación. Resistió a la tentación de colocar los nombres de Sucre y Miranda en sus listas de Masones por no encontrar algún documento para sustentarlo, pero tampoco hace alarde de que no los encontró.

Falta recordar algunos autores cuyos trabajos constituyeron algunas de las fuentes utilizadas por Carnicelli, tales como Asciclo Valdivieso Montaño, Manuel Salvatti, Manuel Subero, Gustavus Hippisley, Celestino Romero, José Rial Vásquez y José Miguel Rivas Bravo entre otros.

Luego tenemos otra generación de donde destacamos a José Rafael Silva Cedeño, Barboza de la Torre, Francisco Stomrs, Francisco Castillo, Hello Castellón, Miguel Santana Mujica, Humberto Arguinzano, Edgar Perramón Q., y Ernesto Gaete, los cuales, cada uno, y de manera peculiar mediante sus estudios y reflexiones, hacen aportes al conocimiento de nuestro pasado masónico, siguiendo muchos de ellos, la línea de la Historia Oficial de la Gran Logia del siglo XX, cuyo fundamento esencial proviene de una fructífera imaginación.

En la tercera edición de **Anotaciones Históricas sobre la Masonería en Carúpano,** publicada en 1987, aparece un apéndice de la **Historia de Carúpano** de Bartolomé Tavera Acosta[82] hay un espacio dedicado a las primeras logias fundadas en Venezuela. Señala que según las investigaciones de Bartolomé Tavera Acosta, la primera logia fue fundada en Caracas por Francisco de Miranda con el nombre de Colombia en año de 1811. Luego, en 1814, la logia Patria de Carúpano. En 1817, la logia Colón, donde según dato tomado de los escritos de Manuel Landaeta Rosales, fue puesto entre

---

[82] Manuel Salvati, **Ob.Cit**. pp. 73-76

columnas el General Morillo por las víctimas de Nueva Granada. La logia Concordia de Ciudad Bolívar, fundada el 11 de abril de 1818 por James Ambrose, cita a Hippisley, en una edición francesa, es posible que exista confusión con James Hamilton, porque no encontramos el dato ni en las páginas 65 y 66, ni en los alrededores, y en 1821 la logia Unión como resultado del cambio de nombre de la logia Colón.

Vale la pena destacar que ni Salvatti ni Tavera Acosta mencionan las logias de la Guaira, menos la leyenda de la logia masónica de Picornel en la prisión del castillo de San Carlos en ese puerto. Además observamos que no se engaña con respecto a las reuniones de los jóvenes mantuanos que tenían lugar en la casa de campo de los Bolívar, que otros emocionados masones acríticos como Castellón quienes las señalan como reuniones masónicas. No cae en estas tentaciones porque revisó el trabajo de Jorge Bejarano, sobre los *Orígenes de la Independencia*, con respecto a las reuniones de los jóvenes mantuanos en la quinta Bárcenas, propiedad de la familia Bolívar, el cual fue publicado en Bogotá en el año 1925. La creatividad literaria de Francisco Tosta García alude una reunión más íntima y secreta dentro de las reuniones de los jóvenes mantuanos en la Quinta de Bárcenas. Pero de allí, a tenidas masónicas para conspirar existe un trecho amplio.

En 1961 se publicó en los talleres de "Fantasías Gráficas" de Caracas, un folleto en cuya portada reproduce un óleo que según la leyenda escrita al pie, se conserva en una logia de Buenos Aires, donde se representa el juramento de un nuevo miembro en la logia Lautaro de Londres. Figuran como Venerable Maestro Francisco de Miranda, Orador Simón Bolívar, y Secretario José de San Martín. Esta reunión no encuentra espacio al cruzar las cronologías de sus vidas. La portada como lo dice el nombre de la Editorial, es una verdadera fantasía gráfica. El autor del folleto es José Rial Vásquez con el título de *Intervención de la Masonería en la Independencia de Venezuela,* señala que la primera logia fundada en Venezuela fue la Protectora de las Virtudes N 1, primero como triángulo masónico el 24 de Junio de 1811, y luego como logia el 1 de julio de 1812. Es un caso típico de la historiografía masónica, no señala las fuentes de sus afirmaciones, cuando hace notas al pie, señala a otros autores, como Casto Fulgencio López, nutrido en la historiografía española, cuyos fundamentos tampoco se sabe si provienen de fuentes documentales.

De los trabajos recientes podemos hablar de una ponencia realizada en el VI Congreso de Historiadores de la Academia Nacional de la Historia elaborado por Carmen Brumilde Liendo, titulado *La Masonería en Venezuela* (Influencia en la Emancipación[83]) La autora elabora un cuadro "Reconstrucción Cronológica de las Actividades de la Masonería en Venezuela" Aunque la autora no hace verificación de las fuentes, ni crítica historiográfica, este cuadro resulta de gran valor

---

[83] *Anuario de Estudios Bolivarianos Bolivarium* , Sartenejas, Universidad Simón Bolívar, 1990, pp 45-107.

didáctico porque ofrece un punto de partida para el seguimiento de las fuentes, observamos que ella se refiere con el calificativo de fuentes a los autores que mencionan a las logias y sus circunstancias "conocidas", esto se refiere a la versión que del hecho ofrecen los autores, tampoco se habla de fuentes documentales. También vale destacar que en ese cuadro se incluyen indistintamente a sociedades secretas políticas, conspiradores, y logias mirandinas junto a logias masónicas.

Entre las investigaciones recientes con respecto a la historia de Masonería desde las aulas universitarias no podemos dejar de mencionar: *"Historia General de la relación entre la Iglesia y la Masonería"(Estudio General y Apuntes para el caso Venezolano y Merideño)*.Mérida, U.L.A., 1994, presentada por Francisco Franco, y **Masonería en Venezuela Siglo XIX** en 1992 por Eloy Reverón, estos últimos trabajos constituyen dos tesis de grado para optar al título de licenciados en Historia de las Escuelas de Historia de la Universidad de los Andes y Central de Venezuela, las cuales son el resultado de un estudio sistemático de lo masónico en las universidades nacionales donde se imparte carrera de investigación histórica. En la tesis de franco se comentan las versiones bibliográficas, y en la segunda, se registran las logias de la mitad del siglo XIX.

Masonería en Carúpano y Alrededores

Sin duda que los masones llegaron a otros puertos como Carúpano y Pampatar, pero también en el Apure y el Orinoco penetró la Masonería de manera simultánea. Con respecto a Carúpano no se ha conseguido más que una referencia bibliográfica editada por primera vez en 1918 y proviene de datos publicados por Manuel A. Salvatti[84] donde los orígenes de la Masonería están vinculados a los nombres de Don Ramón Maneiro, natural de la isla de Margarita, con más de veinte años de residencia en Carúpano donde comerciaba con telas, en cuya casa se hospedó, según Salvatti, la tripulación del Capitán estadounidense Charles Mc. Tuckers, después de un ataque de piratas en 1814.

En la tercera edición del trabajo de Salvatti aparece una nota de Humberto Arguinzano, donde señala el relato de Mc Tuckers y la logia que supuestamente fundó en 1814 en Carúpano, ... *así como el nombre y datos biográficos del I:.P:.H:. Charles Mc. Tuckers figura inserto, acompañado de Gráfica alusiva, en las ediciones del DICCIONARIO ENCICLOPÉDICO MASÓNICO, tanto argentina como mexicana y también en el DICCIONARIO MASÓNICO de Makey y el MANUAL DE MASONERÍA de André Cassard, lo cual agrega un mayor interés e importancia, incluso internacionaliza, la instalación del primer taller masónico de Carúpano, dada la*

---

[84] SALVATTI, MANUEL A. *Anotaciones Históricas sobre la masonería en Carúpano desde 1814 a 1918* México, Ed. Menfis, 1962, 59 p. Recopilación IVEM N 19, Caja 19 N 1 fls 4-32)

prestigiosa figuración del H:. Mc Tuckers y la multinacionalidad representada por los HH:. que le acompañaron en la noble tarea.[85] "

A esta nota debemos hacerle algunas observaciones que corresponden a la búsqueda de las referencias ofrecidas por Arguinzano. En primer lugar revisamos una de las ediciones del referido diccionario[86]. No encontramos referencia a lo señalado por Arguinzano. Después buscamos el *Diccionario Masónico* de Makey

y solo confirmamos la existencia de un Mackey Albert, que publicó una Enciclopedia en Philadelphia en 1896.

Por último revisamos la obra de A. Cassard **Manual de Masonería.** la cual buscamos con especial ánimo de confirmar lo escrito por el Q:. H:. Humberto Arguinzano, comenzando con la revisión de la cronología histórica de la Masonería levantada en la obra citada, la cual comienza en el año 3875 antes de Jesucristo[87]. Al parecer se trata de una Biblia Masónica, en todo caso el ejemplar

---

[85] Nota de Humberto Arguinzano, en: SALVATTI, MANUEL A. **Anotaciones Históricas sobre la Masonería en Carúpano desde 1814 a 1918,** Carúpano, Ed. Virtud y Orden, 1987, p. 20

[86] En el capítulo "Historia General de la Masonería." "Venezuela", **DICCIONARIO ENCICLOPÉDICO DE LA MASONERÍA,** FRAU ABRINES, Lorenzo y ARAUS, Rosendo, Buenos Aires, Ed. Kier, 1962, tomo III pp 442 - 443.)

[87] : " *Caín y sus descendientes reciben de Adam, primer masón, algunos conocimientos sobre geometría y arquitectura, y fundan una ciudad que llaman Enoch, nombre del hijo primogénito del primero. La posteridad de éste, la de Tubal, Tabel y Tubalcaín, hacen nuevos progresos en la Masonería y descubren muchas artes útiles.- **Génesis**, v. 17, 20 21 y 22."*

de **La Biblia** que consultamos para verificar la cita de Cassard, pero no coinciden. No encontramos en esta cronología señal alguna de los hechos mencionados por Angrizano en su prólogo. Tampoco Cassard incluye a Mc Tucker en el espacio dedicado a las microbiografías de "FRANC MASONES QUE SE HAN DISTINGUIDO POR SUS TALENTOS Y VIRTUDES" Por último revisamos un interesante anecdotario que recopila André Cassard con el título de **Masonería Práctica,** dedicado a casos de socorro prestados por unos masones a otros en momentos de aflicción o de peligro; revisamos uno a uno hasta que encontramos uno dedicado la Masonería en la América del Sur el cual nos vamos a permitir su transcripción íntegra:

" *Seríamos injustos con esta parte importante del Nuevo Mundo, si no consignáramos al concluir este trabajo, algunas líneas y recordaremos de paso los muchos e importantes rasgos de protección masónica que en ella han tenido lugar, mayormente en el sangriento y dilatado período de la guerra de independencia que aquellos países sostuvieron con España; períodos en que unos y otros dieron pruebas de verdadero amor por nuestra institución.*

Extenso sería el catálogo que pudiéramos en este concepto presentar. Baste decir que más de una vez el lazo místico detuvo el encono y saña del enemigo, y que a él también se debe que, uno de los caudillos de las huestes contendientes, abandonase aquellos países en donde su presencia hubiera podido, no solo aumentar los estragos, sino prolongar por más tiempo lucha tan desastrosa.

Felices aquellos h∴h∴ que por prueba de un grande amor por la institución masónica o por haber cumplido con un juramento sagrado, merecen ocupar un lugar honroso en esta serie, o que, por lo menos, se juzgan dignos de pertenecer a ella por efecto de su entusiasmo y decisión por una Orden, cuyo lema es Humanidad y Beneficencia. !*[88]*. Es posible que se refiera al general Pablo Morillo, pero vale la pena destacar que se refiere a la Acción Masónica en virtud de la paz, y no de la guerra por la emancipación. Un ejemplar original de esta obra editado en español en 1860 se puede admirar en la Sección de Libros Raros de la Biblioteca Nacional de Venezuela. Después podemos afirmar, que tampoco aquí encontramos rastro de las referencias ofrecidas por Arguinzano relativas a Mc Tucker y su logia en Carúpano. Queda también una tesis de grado relativa a la Masonería en Carúpano, que para el momento cuando corregimos el último borrador de este trabajo, estaba siendo presentada por Laura Robles como tesis de grado para optar a la licenciatura en Historia.

Es cierto que existieron logias masónicas en Venezuela a partir de 1808, sin embargo, la Masonería venezolana ha mostrado poca capacidad para sustentar esa afirmación con documentos masónicos. Sin embargo existen testimonios como el de Gustavus Hippisley, quien asegura haber asistido a la iniciación del General Montilla en una logia que se reunía en la casa de

---

[88] " André Cassard, *Manual de Masonería*, pp 732-733

James Hamilton[89]. En todo caso, éste es uno entre otros datos aislados. Uno de los documentos masónicos venezolanos más antiguos que hemos estudiado, corresponde a la solicitud de carta patente que firma el general Páez para afiliar su logia a la Masonería internacional en 1823 donde afirma que algunas logias habían solicitado sus respectivas cartas patentes, vale decir, no había masonería institucionalizada o Gran Logia Venezolana que las respaldara.

El más antiguo se encuentra en el Archivo de la Gran Colombia en Bogotá. En la Fundación Boulton está microfilmado el citado documento que constituye un salvo conducto para Dionicio Egan, y parece más un documento de logia militar que uno masónico, presenta un triángulo dispuesto de manera inusual en documentos masónicos.

Masonería en la Guaira

El 31 de enero de 1974 la logia simbólica de la Guaira, Unanimidad N 3, publicó un folleto de elaboración colectiva, dirigido por una comisión formada por los hermanos Johan De la Vega Roberts, Carlos Ramón Arévalo, César Landaeta Olivares, Luis Enrique Arévalo y Enio Alfredo González. Con palabras introductorias de Luis Oscar Martínez.

---

[89]

Gustavus Hippisley ,*Ob. Cit.* p 320

Este trabajo comienza haciéndose eco de la leyenda de la condición masónica de los célebres conspiradores de los Cerrillos de San Blas encarcelados en el castillo de San Carlos en la Guaira, y que, según la leyenda gracias a haber iniciado en los augustos misterios en los misterios de la Masonería, lograron escapar por el favor de sus nuevos hermanos carceleros. De este mito queda poco que señalar porque la falta de sincronía con el conocimiento historiográfico que se tiene de este hecho, en virtud de su posible relación con la Masonería ya ha sido acusada;además ya hemos encontrado el origen de esta fantasía, y la desarticulamos en *Masonería Siglo XIX*, U.C.V., 1991, y en Mito y Realidad en la Historiografía Masónica, en: *Anuario de Estudios Bolivarianos,* U.S.B., 1995.

En este folleto editados por los hermanos de La Guaira se relaciona también a Gual y España con la Masonería, pero no ofrecen ningún fundamento que respalde esa relación. Según sus observaciones los sobrevivientes de una rebelión que tuvo lugar 12 años antes, recibieron la Carta Patente de la Logia Cartago N 176 de la Gran Logia de Pennsylvania el 4 de abril de 1809, siendo éste el único dato que aporta de esta logia, sin señalar ni miembros ni fuentes, vale decir, le falta consistencia para afirmar con seriedad su continuidad con la rebelión de Gual y España[90]. Lo que vale destacar de este folleto es, que con excepción de lo señalado en el párrafo anterior,

---

[90] *Historia de la Logia Unanimidad N 3*, p 18

encontramos una serie de datos claves que nos pueden aclarar aspectos fundamentales en cuanto a los orígenes de la Masonería en Venezuela porque observamos sincronía en su relación con personajes y documentos que mencionan, con el único documento masónico original que hemos encontrado en archivo no masónico. Lamentablemente por el mismo texto no podemos saber dónde están los originales porque no citaron su procedencia, pero aún así, ofrecen la pista para ubicarlos en el futuro y podrían añadirse a los datos que hemos reunido para poder confirmar la hipótesis de que la Masonería venezolana existió como apéndice de diversas logias foráneas hasta la instalación de la Gran Logia de Colombia con sede en Caracas en 1824.

Existe perfectamente la posibilidad de que se hubiesen dispersado sus miembros durante la guerra, y al consolidarse la emancipación después del Triunfo en la Batalla Naval del Lago, el 24 de junio de 1822, el tráfico naval se hiciera más favorable a la regularización del correo marítimo y a la comunicación para las relaciones internacionales de la Masonería con el fin de la presencia de ejército español en nuestro territorio y de nuestros mares territoriales, pero la logia Cartago ya no existía.

Los hermanos de la logia Unanimidad N 3 señalan que el 11 de noviembre de 1822, la Gran Logia de Maryland otorgó Cartas Patentes a las logias Unanimidad y Bolívar, a las cuales les otorgaron los números 75 y 76 respectivamente[91]. Cuando el

---

[91] *Ob.Cit.* p. 18

General Páez solicita Carta Patente para su logia, se dirige a la logia Amigable N 25 de Baltimore, Maryland. Nos llama la atención que de un documento original masónico fechado en 1823 se mencione que las logias de Barcelona y Cumaná ya habían recibido sus Cartas Patentes con los números 1 y 2. Señalan que la logia Unanimidad obtuvo el N 3, en 1824, durante la creación de la Gran Logia de Colombia, con sede en Caracas. Hasta aquí encontramos dos contradicciones, y una coincidencia. La primera contradicción obedece a que en el documento original de 1823 no se habla de la Gran Logia de Maryland, sino de una logia de esa jurisdicción, la logia Amigable de Maryland; la segunda contradicción consiste en que para 1823 otorgaron números 1 y 2 a las logias de oriente a que hicimos referencia, y en fecha muy cercana, a las logias Unanimidad y Bolívar de la Guaira le asignaran números tan altos como 75 y 76 a las Patentes solicitadas por el general Soublette en octubre de 1822. Sin embargo al final la logia de la Guaira terminó con la Patente N 3. Lo que indica en todo caso que las mencionadas cartas fueron otorgadas por diferentes federaciones masónicas, queda investigar las logias emisoras.

Dos coincidencias vienen a establecerse con la logia Aurora, la cual se constituye en instancia el 7 de Julio de 1823, dos días antes que elaborara la solicitud de Carta Patente de una logia de Valencia presidida por el general Páez ; la segunda coincidencia la encontramos, en ese mismo manuscrito donde se menciona al hermano Jhon King, quien "coincidencialmente" está señalado por los hermanos masones de la Guaira como miembro fundador de la logia Aurora[92]. Es claro en este caso, donde las piezas encajan perfectamente.

La contradicción la encontramos en que en el manuscrito del general Páez, se señala que el hermano Jhon King le había aconsejado dirigirse a la logia Amigable N 25 de Maryland. ¿ Porqué la logia del hermano King solicitó carta patente a Nueva York, habiéndole aconsejado al general Páez que la solicitarla a Maryland? Las respuestas deberían estar en los archivos de esas logias.

Masonería en Puerto Cabello

Otro caso interesante que debe ser objeto de estudio es el caso de Puerto Cabello, donde la Masonería siempre ha sido muy sólida y de gran tradición. Ya para 1800 se habla de la existencia de masones en este puerto. En el cuadro N 4 elaborado por Carmen Brunilde Liendo[93], señala como fuente a Monseñor. Coll y Prat.; como nombre de la logia y lugar, a Semiología de Francmasones en Puerto Cabello; y como circunstancia conocida: " Aun cuando el gobernador Guevara y Vasconcelos intentó desarraigarlo este amálcigo diabólico siguió funcionando." Esta es una referencia fundamentada en sospechas o acusaciones, tomar como masónico cualquier reunión sospechosa de

[92] *Ob. Cit.* p. 19
[93] (*Ob.Cit.* p. 65)

parecer una logia, aunque se trate de una logia no tiene necesariamente que tratarse exclusivamente de francmasones que guarden alguna continuidad o tradición con los masones venezolanos de hoy, cuya secuencia documental, prácticamente se inicia en 1854.

Tenemos conocimiento de dos publicaciones relativas a la Masonería en Puerto Cabello; la primera editada en 1928, constituye una historia de los diez años de constituida la Gran logia Soberana de Libres y Aceptados Masones de Venezuela. Apenas menciona a la logia Independencia y Libertad N 5; la segunda publicación recibida por cortesía del Q:.H:. Héctor Andrés Tusanote, con el título: *Gran Logia Soberana de Libres y Aceptados Masones de Venezuela(Sus raíces y Dignidades VII Década)* En la introducción a este libro, señala que la logia Libertad de Puerto Cabello recibió Carta Patente de la Gran Logia de Maryland en el año de 1818. Otro dato interesante que vale señalar es que la logia Libertad de Puerto Cabello fue la única logia que no suspendió sus trabajos con motivo del decreto del Libertador de 1828, mediante el cual proscribió a las Sociedades Secretas. Lamentablemente parte de su archivo quedó destruido, no sabemos exactamente cuando, solo señalan: "*Nuestra antigua Casa Templo sufrió daños irreparables en un aluvión y nuestro gran archivo quedó en medio del agua y escombros. El Venerable Hermano Pablo Ramón Acaya salvó parte de la historia escrita de donde empieza esta publicación;*

el resto queda bien marcado como un espléndido amanecer.[94].

Aunque el documento masónico más antiguo que publican corresponde a un cuadro logial publicado por la logia Libertad N 11 que data de diciembre de 1859, en la Colección de Cuadros logiales de IVEM, tenemos copias de cuadros logiales de esa misma logia, pero anteriores; uno del 2 de enero de 1859[95]; otro de 27 de diciembre de 1857[96]; y por último, un cuadro manuscrito con sello de la logia Libertad N 11 que data de 1843[97]; adjunto a este último manuscrito encontramos otro cuadro logial manuscrito con la fecha ilegible pero con el sello de la logia Independencia N 30[98] presumimos que sea del mismo año que el anterior.
Esta logia tenía el número 53 para 1866[99]. También tenemos referencia de la Logia Unión Porteña N 50 en 1866[100]. y otro de la misma logia Unión Porteña N 50 de enero de 1860[101]. Existen otros posteriores. También sabemos que la logia Indepedencia se Unió luego a la Libertad, quedando el nombre compuesto de la logia.
Es poco lo que podemos ofrecer sobre la historia de la Masonería en Puerto Cabello, pero cuando esta logia ordene lo que ha quedado de su archivo, posiblemente surjan nuevos documentos que nos

[94] *Ob. Cit*. P 1
[95] *Ob.Cit*. F. 31
[96] (*Ob. Cit*. F.30
[97] *Ob.Cit*. F. 2
[98] *Ob. Cit*. f. 1
[99] *Ob.Cit*. F. 53
[100] *Idem*
[101] *Ob. Cit*. F.135

den luz, entre tanto dejamos una ventana abierta para esta historia, con la nómina de masones que podemos reconstruir partiendo de los datos que hasta ahora poseemos.

Consideraciones Transitorias

El capítulo de las primeras logias siempre será un capítulo en espera de que aparezca un nuevo documento como en efecto sucede siempre con este tipo de trabajos. Sobre todo, después que llega al conocimiento de nuevos investigadores o documentos que confirman hipótesis o derriban mitos. En tal sentido cabe destacar que en esta materia falta mucho por agregar.

La escasez de documentos y la ausencia de un contexto histórico que acuse la presencia de una masonería más o menos organizada y estable antes de 1823, resulta evidente. Un acta constitutiva que data de 1838, cuya acta fue utilizada para darle personalidad jurídica mediante su registro público en noviembre de 1944, por José Tomás Uzcátegui. Al parecer construyeron un Templo careciendo de personalidad jurídica, sin embargo, encontramos que es hasta después de mediados del siglo XIX, cuando encontramos cierta continuidad en la memoria masónica documental que nos trae hasta el presente.

Es necesario una investigación documental en los países de origen de los primeros masones que llegaron a Venezuela, y además, precisar con nuevos análisis críticos sobre las fuentes bibliográficas y documentales de la Historia

Universal de la Masonería que nos permitan acercarnos a tema con nuevos elementos para su estudio.

Entre los datos respecto a la llegada de la Masonería a las islas del Caribe que nos ofrece el estudio de Lionel Seemungal elaboramos el siguiente cuadro de las islas con su fecha de instalación, actualizamos el Cuadro N 3 Elaborado por Carmen Brunilde Liendo para el ***Anuario de Estudios Bolivarianos***

Fuentes

Ascanio, Augusto (1957) *Memoria,* Caracas, Tip. Halcón.

Azpurua, Ramón, (1867) **Johann Von Uslar Gleichen**, Caracas BN.

Baralt y Díaz, (1841) **Resumen de la Historia de Venezuela**, (desde 1797 hasta 1810), Caracas ANH

Barboza de la Torre, Pedro (1983) "Simón Bolívar Francmasón" en *Mediodía*, Caracas, 24, de Junio, pp 14-17

Blanco Fombona de Hood, Miriam, (1979) "La masonería y nuestra Independencia" en: *El Repertorio Americano*, Londres, Ed. Embajada de Venezuela en R.U., Vol, julio, pp. 59/70

Blanco y Azpurua, (1853) "Representación al general José Gregorio Monagas, 8 de sep. de 1853", hoja suelta en: *Papeles de Ramón Azpurua*, Archivo General de la Nación, Tomo 3 N 19

Bolívar, Simón, **Decreto** de 8 de Nov 1828 Bogotá, 8-11-1828 en: Archivo del Libertador, Sección O'Leary, T.XXVI fol. 61 y vto.

Carnicelli, Américo (1970) **La Masonería en la Independencia de América**, (Secretos de la Historia) 2 Vols

Carnicelli, Américo (1975) **Historia de la masonería colombiana** Bogotá 2 Vols

Claps, Manuel (1969) "Masonería y Liberalismo" en: **Enciclopedia Uruguaya**, Ed Arca, p. 124, Recopilación IVEM, N 4, Caja N 20,fls. 98-104.

Clausen, Henry C, (1974) **Clausen's Commentaries of Morals and Dogma**, ("33 (Degree) Sovereign Grand Commander")

Clavel, F.T.Bègue. (1843) **Histoire Pintoresque de la Maçonnerie et des las Societes Secrètes,** Paris

Clavel, F.T. Bègue. (1858) **Historia de la Masonería y las sociedades secretas** Caracas, Imprenta de José de Jesús Castro, (con nota del Editor entre los dos temas).
Clavel, F.T. Bègue. (1978) **Historia de la Masonería,** Barcelona, Ed. Edicomunicación S.A.

Combes, André, "La Franc-Maçonnerie aux Antilles et en Guyane Française de 1789 à 1848", en **La période révolutionnaire aux Antilles, coord. Roger Toumson** (Fort-de-France: Université des Antilles, 1988), 155-180

Combes, André (1994), **Les Trois Sicles del la Framcasonerie Francaise**, Paris, Edimaf,

Cooz, José Jesús, (1989) **Armisticio, Regulación de la Guerra**, Trujillo, Recopilación IVEM N 13 fls. 109-157.

Cuevas Montilla, Rafael Eduardo (2009) "Nuestra primera mirada al Norte: La Historiografía tradicional venezolana y sus lugares comunes en torno a la visión venezolana de los Estados Unidos como modelo político y social (1810-1812) en: **Presente y Pasado. Revista de Historia.** Año 14. N° 27. Enero-Junio, pp. 31-50.

Chacón, Vemireh, (1988) **Abreu e Lima General de Bolívar**, Caracas, Universidad Simón Bolívar, 219 pp.

Daza, Juan Carlos (1977) **Diccionario de la Francmasonería**, Ed. Akal 413 p

Delgado Correa, Luis (1854) **Antiguo Catecismo Masónico** (Cuadernos Ivem N 1) (Fascímil de 1854. Prólogo , Eloy Reverón,) Caracas, IVEM, Caracas 1992

De La Croix, Peru (1831), (Introducción y notas de José E. Machado) **Diario de Bucaramanga,**Caracas, Ed. Elite, 1931, 194 pp.

De La Fuente, Vicente (1870) **Historia de las Sociedades secretas antiguas y modernas, especialmente de la masonería.**Lugo, Imprenta de Soto Freire, (2 Tomos 512+459

Derville, Henri (1981). **Historia de la Ciencia secreta** Editorial Diana , 460 p

DIAZ Fabián (1967) **Gente y Cosas de Valencia**, Valencia.

Díaz Sánchez, Ramón (1956) "Sí, Bolívar fue Masón" en: **Elite** N 1609, Caracas, 28 de julio, pp 38 – 40. (Original procedente de Biblioteca Nacional de Paris (Gran Logia de Venezuela) "Acta de la Logia San Andrés de Escocia de París, Recepción al Grado de Compañero al Oficial Español Simón Bolívar, Paris 1805"

Duarte Level, Lino (S/F) **Cuadros de la Historia Militar y Civil de Venezuela**, Madrid, Ed. América, 458 p.

Duarte Level, Lino,(1911) **Historia Patria**, Caracas

Francmasones (1823) *Espíritu de los Estatutos y Reglamentos del Orden Franc Masónico, y Diccionario* de todos los términos y expresiones que están en uso para los trabajos de las logias, Cumaná, Impreso por Manuel Escalan, 68. p.c

Ferrer Benimelli, Voz "Masonería", en **Diccionario de Historia de Venezuela** (Caracas, Fundación Polar, 1988), vol. II, 849-852;

Ferrer Benimelli, José Antonio (2009) "Vías de penetración de la masonería en el Caribe" **REHMLAC** ISSN 1659-4223 Vol. 1, Nº 1, Mayo 2009-Noviembre 2009

Francmasones (1852) *Sucinta Relación Histórica de la Institución Masónica en Venezuela* Caracas, Imprenta de Valentín Espinal, 31 p.

Franco Francisco *HISTORIA DE LA RELACION ENTRE LA IGLESIA Y LA MASONERIA*. (Estudio General y apuntes para el caso venezolano y merideño) (1994) Memoria de Grado presentada para optar al título de Licenciado en Historia. (Tutoreada por el Prof. J.
M. Briceño Guerrero. Mérida, Universidad de Los Andes, Enero 1994, 288

González, Juan Vicente, (1865) "Biografía de José Félix Ribas" en: *Revista literaria*, Caracas. Reeditada en 1818, 1946, 1956 y esta de 1975 por la comisión Pro Conmemoración del bicentenario del nacimiento de J.F.Ribas, Tip Vargas.

Gould, Robert Freke (1887) *The History of Freemasonry* (T. VI) Its Nueva York, John C. Yorkston and CO Publishers.

Gracés Pedro, Carta de Jamaica en: *Diccionario de Historia de Venezuela*. 2da Edición. Caracas: Fundación Polar, 1997. Tomo I, páginas 706-707

Guenon, Rene (1993) *Apreciaciones sobre la iniciación*. CS. Ediciones,

Hazard, Paul, **Crisis de la Conciencia Europea,** (1688 – 1715), Madrid, Ed. Pegaso, 1952. Hippisley,

Gustavus (1819) *Narrative of the expedition to the rivers Orinoco and Apure in the South America....,* London, Ed. J. Murray

Kight, Chistopher y Lomas, Lomas, Robert (1997) *La Clave Secreta de Hiram*, México, Ed. Gijalbo, 449 p.

Le Bihan, Alain.(1973) *Franc-Maçons et ateliers parisiens de la Grande Loge de France au XVIII siècle* and *Loge et Chapitres de la Grand Loge et du Grand Orient de France*, Paris, Bibliotheque Nationale, 509 p

Magallanes, Manuel Vicente (1975) **Historia Política de Venezuela**, Caracas, Monte Ávila Editores, 3 Vols.

Miranda Francisco, (1982) "Acta de París" en: *América Espera* (Selección y Prólogo Salcedo Bastardo, Recopilación de documentos sobre la vida de Francisco de Miranda) Caracas, Editorial Biblioteca Ayacucho, N 100, 686p p.

Montenegro y Colón, Feliciano. (1960) *Historia de Venezuela* 2Vols, Carcas, ANH, . (Primera edición 1833)

Nagy Tohötöm (1908 1979) (1963) *Jesuitas y masones*, Buenos Aires, Ed, del Autor, Imprenta

Danivio, 501 p   Navarro, Nicolás (1928), *La Masonería y la Independencia* (A propósito de unos reparillos), Caracas, Ed. Suramérica, 57 p

Pérez Vila, Manuel (1983) "La Experiencia Masónica de Bolívar en Paris" en: Visión Diversa de Bolívar, (Ciclo de Charlas en homenaje al Libertador con motivo del año bicentenario de su natalicio) Caracas, Pequiven, 11 de mayo de 1983, pp 331-341.

Pérez Vila, Manuel (1983) "Fue masón pero en Europa" en: *El Nacional*, 26 11 1983

Pérez Vila, Manuel (1986), "La Experiencia Masónica de Bolívar en París" en: Aportes a la Historia Documental y Crítica(Estudios, monografías y ensayos N 73) Caracas, Academia Nacional de la Historia, pp 127-144.

Pike Albert (1947), *Morals and Dogma of the Ancient and acepted scotish rite of freemasonry*, Nueva York, Masonic Pubicatios CO. (Primera edición 1871)

Pool, J de *Bolívar en Curazao* (1988), (L. Hoetink traductor) De Walburg Pres

Porter Ker, Sir Robert. (1825 1842) *Diario de un diplomático británico en Venezuela, 1825-1842, Sir Robert Ker Porter*, Caracas, Ed. Fundación Polar, 1040 p.

Quintero L, Gilberto.: "La historiografía de la independencia hispanoamericana en las últimas décadas del siglo XX (1980-2003): temas y perspectiva". En *Boletín de la Academia Nacional de la Historia*.Caracas, Academia Nacional de la Historia, T. 89, N° 356 (oct.-dic.2006), p. 101-128.

Ramsay Chevalier Andrew Michael (1686 1743): *Relation apologique et historique de la Societé des Francs Maçons*, publicada en Dublin en 1738

Raynero, Lucía. (2007) **Clío frente al espejo** (La concepción de la historia en la historiografía venezolana), Caracas, Academia Nacional de la Historia, Colección Fuentes para la historia republicana de Venezuela, 413 p.

Rebold, Emmanuel M., (1864) **Histoire des Trois Grandes Loges**, *Paris, 597 p.*

Reverón, Eloy (1988), **Influjos Masónicos en la Instauración del Matrimonio Civil en Venezuela y registros civiles para nacimientos, matrimonios y defunciones**, Caracas, VI Congreso Internacional de Historiadores, Academia de la Historia, Caracas, Venezuela.

Reverón, Eloy (1989), **Influjos masónicos en la instauración del matrimonio civil en Venezuela**, Caracas, Ed. EMU (Editores Masones Unidos) , 28 p.

Reverón, Eloy (1992), **Masonería en Venezuela, Siglo XIX**, (1864 1870) Caracas, Universidad

Central de Venezuela, Facultad de Humanidades y Educación, Escuela de Historia (Tesis para optar al título de licenciado en Historia, mención América) 144p.

Reverón, Eloy (1994) **Masonería Desnuda**, Caracas, IVEM, 133 p.

Reverón, Eloy (1994) "Francisco González Guinán, Historiador Masón de Venezuela, Aspectos Biográficos y Cronológicos", en: **Boletín Extraordinario Homenaje al XVI Aniversario de la Logia Sol de Caracas**, Caracas, Ed. Sergio Paúl Vega, s/np.

Reverón, Eloy (1995), "Mito y Realidad en la Historiografía Masónica" (1808 1830) en: **Anuario de estudios Bolivarianos,Bolivarium** N II, Año 4, Instituto de Investigaciones Históricas Unversidad Simón Bolívar, Sartenejas.

Reverón, Eloy (1995), "Escarceos Masónicos" en: **El Investigador Venezolano**, (Revista de Ciencias Sociales) N 13, Edición Especial Bicentenario del Nacimiento de Antonio José de Sucre, Ed. Biblioteca Nacional de Venezuela, febrero, pp. 38 – 40.

Reverón, Eloy (1995), **Crisis de la Masonería Venezolana en el Siglo XX**, Caracas, Cátedra de Historia de Venezuela Contemporánea, Caracas, Instituto de Altos Estudios Diplomáticos "Pedro Gual" Ministerio de Relaciones Exteriores de

Venezuela, junio 1995. 15 + 23 pp (Trabajo final de la Cátedra Historia de Venezuela Contemporánea, con el Profesor Manuel Caballero)

Reverón Eloy,(2002) **El Institutito Indigenista Interamericano y las Políticas Indigenistas Venezolanas** (1970-) Caracas, Instituto de Altos Estudios Diplomáticos "Pedro Gual", Ministerio de Relaciones Exteriores de Venezuela.

Reverón, Eloy (2002) **El Fantasma de Bolívar en la Masonería Venezolana**, Caracas, IVEM, 222 p.

Reverón, Eloy (1996) "Masonería en Venezuela" en: **Historia Para Todos** N 17, Caracas, Consejo Nacional de la Cultura – Profesores Universidad Central de Venezuela, Facultad de Humanidades y Educación, Escuela de Historia

Reverón, Eloy (1997) "Las Instituciones en el Siglo del Gran Mariscal" (Resumen de **¿Herederos de las Guildas?** . Ponencia presentada en el VII Congreso Venezolano de Historia, Comisión Nacional del Bicentenario del Gran Mariscal Sucre) Caracas, 1 al 4 de julio, 23 p.

Reverón, Eloy (1997) "El Fantasma de Bolívar en historiografía Masónica de la Independencia Venezolana" :en: **Anuario de Estudios Bolivarianos Bolivarium** N VI, Sartenejas, Universidad Simón Bolívar, pp 243 – 349.

Reverón Eloy (1998) **Relaciones de Venezuela y Japón en su Primera Etapa**, Caracas, Ministerio de Relaciones Exteriores, Instituto de Altos Estudios Diplomáticos Pedro Gual, Cátedra de Historia Diplomática del Japón Instituto de Altos Estudios Diplomáticos "Pedro Gual", Profesora Dra. Tomoko Asomura,

Reverón, Eloy (2001) **El Fantasma de Bolívar en la Masonería Venezolana**, Caracas, IVEM, 224 p.

Reverón Eloy,(2002) **El Institutito Indigenista Interamericano y las Políticas Indigenistas Venezolanas** (1970-1999) Caracas, Instituto de Altos Estudios Diplomáticos "Pedro Gual", Ministerio de Relaciones Exteriores de Venezuela. Tesis para optar al título de Magister Scienciatorum en Relaciones Exteriores.

Reverón Eloy, (2005) **Análisis Histórico para el Estudio Estratégico de los Focos de Conflicto entre las Comunidades Indígenas del Estado Amazonas y el Estado Venezolano,** Caracas, Instituto de Altos Estudios de la Defensa Nacional, IAEDEN, Ministerio de la Defensa de la República Bolivariana de Venezuela.

Reverón Eloy, (2005) La Edición Especial de las **Verdades de Miguel**

Reverón, Eloy (2010), "Masonería e Independencia". (¿Cuál Masonería? ¿Cuál Independencia?), México, Universidad Nacional

Autónoma de México, Ponencia en: **III Simposio de Historia de las Masonerías y de las Sociedades Secretas, y Sociedades Patrióticas**, México, D.F.

Reverón, Eloy (2011) "La Masonería y la Independencia en Venezuela" en **Nuestro Sur**, Año 2, N 3, Caracas, Julio Diciembre de 2011 pp. 125-154.

Reverón, Eloy (2011) "La Independencia" (Visión práctico-teórica desde la perspectiva liberadora THRB), en: **11er Congreso de Historia Regional**, San Juan de los Morros, Universidad Rómulo Gallegos, 19, 20 y 21 de octubre de 20117, 16 p.

Reverón, Eloy (2014) **Masonería Desnuda** (Los masones ante la Historia) Caracas, IVFM-Amazon, 2da Edición, 106 p.

Reverón, Eloy (2014) **Masonería e Independencia**, (¿Cuál Masonería? ¿Cuál Independencia?) Caracas, IVEM-Amazon, 48 p.

Reverón, Eloy (2014) **Medio Milenio de Olvido**, (Apuntes para la historia de la Indianidad Desde el Encubrimiento de América hasta la Constitución Bolivariana) Caracas, IVEM-Amazon, 281 p.

Rodríguez Villa, Antonio (1912) **El teniente general don Pablo Morillo**, Tomo III. Madrid, Imprenta Fontanet

Romero, Celestino (1957), *Raíz Histórica de la Masonería en Venezuela,* Caracas, Empresa El Cojo S.A. 127 p.

Roscio, Juan Germán, *El Triunfo de la Libertad Sobre el Despotismo*, Caracas, Ed. Ayacucho, Biblioteca Ayacucho, N 200, 1996, 284 p.

Seal-Coon, F.W. **An Historical Account of Jamaican Freemasonry** (Kingston: Golding Printing Service, 1976)

Sherman Edwin A., *Historia del REAA* (1890) Oakland, Carruth y Carruth, Impresores.

Uslar Pietri, Juan, (1962) *Historia de la Rebelión Popular de 1814*, Caracas - Madrid, Ed. Edime, 225 p
Valdivieso Montaño, Asciclo (1930) "Un Capítulo en la Historia Patria" en: *La Esfera*, Caracas, N 1170, 8 de junio. p.2.

Valdivieso Montaño, Asciclo (1931) *José Tomás Boves* (Caudillo Hispano), Caracas, Ed. La Esfera.

Valdivieso Montaño, Asciclo (1931) *Un Capítulo en la Historia Patria*, Caracas, Ed. La Esfera.

Vanegas, Ricardo, "Carta Masónica al Dr. Agustín Veroes". Caracas 1926, p.6 Archivo IVEM 2926

Documentos

En: Academia Nacional de la Historia ANH (1823) Ar-2-6-2-16 Páez José Antonio, Valencia 9 de Julio de 5823, E:.M:. (1823) "Solicitud de Carta Patente"

Decreto de proscripción de las Sociedades Secretas" Por: Simón Bolívar, Bogotá, 8 de noviembre de 1828"En: Archivo General de la Nación "Los Masones de Caracas al General José Gregorio Monagas" Caracas, Hoja Impresa, Archivo José Félix Blanco, 1853, t

En: Gran Logia. "Instalación de la Gran Logia". Caracas, Imp. Tomás Antero, 1854.BN
Decreto del Gran Maestro, Por: Gral. Santiago Mariño Caracas, Imprenta de G.Corser, 1854.BN

En: Archivo de IVEM Catecismo para la Instrucción del Grado de Aprendiz" Por: Luis Delgado Correa y Luis F Correa, Caracas, 1854

En:Archivo Logia Esperanza. Cuadro de las logias de la correspondencia con la Logia Esperanza. Manuscrito, 1855. BN

En: Archivo Logia Esperanza. Instalación del Gran Oriente Nacional. Caracas, Imprenta George Corcer, 1855.BN

En: Gran Logia "Constitución de la Gran Logia". Caracas, Imprenta George Corser, 1856. BN

En: Gran Oriente Nacional. "Decreto". Caracas, 1856. BN

En: Logia Alianza de Valencia. "A los masones de Venezuela". Pto. Cabello, Imp. de R. Rojas, 1857. BN

En: Logia Amistad de Montalbán "Circular N 1". Manuscrito, 1857. BN

LOTH, J.T. (traducción I. José Pardo) *El rito escocés antiguo y aceptado*, Caracas, Rojas Hnos. Ed. 1876, s/p. BN

En: Gran Oriente Nacional. "Folleto Oficial". Caracas, Imp. Colón, 1894. BN

Cronología Básica

En **1690**, John Locke publicó su obra *An Essay Concerning Human Understanding.* Es considerado padre del Liberalismo. La divulgación de su obra, contemporánea al surgimiento de la masonería moderna, ha hecho que muchos vincularan al liberalismo con masonería. Consideramos que los estudiantes deben conocer bien estos temas porque suelen confundir a los masones con los liberales, aunque no se excluyan mutuamente. Son resultado de una misma época.

En **1697** España firma la paz de Riswick y reconoce la presencia francesa en la parte occidental de la isla de Quisqueya que colón llamó La Española

1717 Según la tradición británica, después de una reunión en la taberna del Manzano, tuvo lugar la creación de la Gran Logia de Inglaterra dando paso a la conformación de la masonería especulativa moderna. Los investigadores masones británicos, después de más de un siglo investigando de manera sistemática, descartaron la continuidad de la masonería moderna inglesa con sus inspiradores mazones operativos, alarifes u obreros de arquitectura sacra. Este mismo año nace Etieme de Morin (Stephen Morin) uno de los promotores de la creación del Rito Escocés Antiguo y Aceptado de la masonería moderna.

1723 El duque de Wharton ordena publicar el libro de las Constituciones de Anderson.

El 5 de junio de 1730, el duque de Norfolk Gran Maestro de la Gran Logia de Inglaterra (Modernos), delegó el coronel Daniel Coxe de New Jersey para ser "el Gran Maestro Provincial de la Provincia de Nueva York, Nueva Jersey y Pennsylvania . "Su delegación entró en vigor el 24 de junio 1730 y se extendió al 24 de junio de 1732.

1733 Henry Price fue nombrado Gran Maestre Provincial de Nueva Inglaterra por la Gran Logia de Inglaterra, autoridad que al año siguiente le sería extendida a toda Norteamérica. Colonos y militares expandieron las logias como granos de trigo.

1735 Autoridades protestantes de Amsterdam y La Haya prohíben la masonería
Una Logia de Salomón fue fundada en Charleston, Carolina del Sur, y otra del mismo nombre en Savannadh, in Georgia.

1736 Chevalier Andrew Michael Ramsay (1686-1743) pronuncia su célebre discurso orientado hacia la idea del origen nobiliario de la Orden de los Francmasones, idea que obtuvo gran aceptación entre la clase burguesa emergente. Nobles y burgueses coincidieron en que sus orígenes no podían provenir de unos humildes alarifes.

1737 Autoridades protestantes de Ginebra y Berna prohíben la masonería

1738 Clemente XII edita bula papal contra la masonería.
El sultán de Constantinopla prohíbe la masonería
Elegido el Duque de Antin (Luis Antoine de Pardaillan de Gondrin)"Gran Maestre general y perpetuo de los masones en el reino de Francia", con el respaldo del duque de Richmond dice wikimedia (debe ser otro porque ese ducado no tuvo herederos desde Henry Fitzroy, Duque de Richmond y Somerset fallecido en 1536)

1739 La Inquisición ordena quemar la obra atribuida al barón de Ramsay: *Relation apologique et historique de la Societé des Francs Maçons*, Dublin 1738. Al respecto señala el Dr. J.A. Ferrer

Benimelli " En esta obra se intentan rebatir las mentiras conque se acusaba sin prueba alguna a la masonería, haciendo un elogio y somera descripción de la misma, pero sin atacar y ni siquiera mencionar a la Iglesia." *Masonería Iglesia e Ilustración.* p.301

Durante este año se producen una serie de ataques ingleses al Caribe por la supremacía marítima en el Caribe.

En **1739** recibe su carta patente de la Gran Logia de Inglaterra para abrir los tabajos masónicos en Kingston. La primera logia que recibió el n° 182; que en 1766 recibió el nombre de Logia Madre.

1740 Carúpano fue atacada varias veces por flotas inglesas

Martinez de Pasqualy establece el Martinismo al que se unirán Claude Saint Martin y Jean Baptiste Willermoz

1744 La logia de los Tres Globos de Berlín adopta el título de Gran Logia y Madre Logia Real Federico II como Gran Maestro.

Luis XV declara la guerra a Inglaterra y a Austria Stephen Morin es capturado en el Caribe y enviado a Londres.

1751, (18 de mayo) Bula Providas de Benedito XIV Fundación de la Gran Logia de Antiguos, Libres y Aceptados Masones, idéntica a la primera pero con un ceremonial distinto para el grado de Maestro.

1752 George Washington iniciado en la Logia de Fredericksburg

1758 Establecido en París, el Consejo de Emperadores de Oriente y Occidente. Este consejo, fuera de la plenitud de su propio poder, se dispuso a crear un nuevo sistema de masonería al cual llamó "Rito de Perfección", el cual estuvo dividido en veinticinco grados, siendo el Príncipe Sublime del Secreto Real, el más elevado de ellos.

1761 El Consejo de Emperadores de Oriente y Occidente de París delegó en Stiphen Morin la responsabilidad de establecer una logia en cada lugar donde llegara a residenciarse, la cual sería llamada "Perfecta Armonía" y así multiplicar la Real Orden de los Francmasones en todos los grados sublimes y perfectos.
Morín creo un número de inspectores, a cargo de ellos quedó investido Moses M. Hays, comerciante marítimo de importante familia de Boston, quien al parecer, viajaba con frecuencia a Jamaica.

1762 Stephen Morin zarpó de Burdeos a Saint-Domingue (Quisqueya Francesa) (marzo 27).
Llevaba el embrionario rito la Orden del Real Secreto veintidós grados, que pronto agregará nuevos niveles al Ecosismo. Morin lo complememta con el grado conocido como Príncipe del Real Secreto, esta creación personal Morin, será tomada por Francken como el Rito de Perfección. Es la base para el desarrollo del Rito Escocés Antiguo Aceptado por la adición de ocho grados, para

llegar a los treinta y tres. Este fue el trabajo del Consejo Supremo de Charleston en 1801.

En el año de **1762** Gran Bretaña se apoderó de la isla de Cuba, funcionó la logia militar n° 218, en el regimiento número 48 formado por oficiales irlandeses que habían participado en el sitio de La Habana y trabajaron en Cuba hasta la evacuación inglesa el 6 de julio de 1763.

En **1770** existían cinco logias inglesas y una escocesa en Jamaica

En **1773** se poduce la restructuración de la Gran Logia de Francia, nace el Gran Oriente de Francia, definida como liberal y adogmática para diferenciarla de aquella que exige para su ingreso la creencia en un ser superior y rechaza la iniciación femenina.

En **1774**. Abre sus trabajos la logia L'Union n° 12, en Curaçao, Antillas holandesas, con patente emitida por la Gran Logia Provincial de Jamaica

1778
La masonería comienza a expandirse organizadamente en Estados Unidos hasta 1794 cuando existen Grandes Logias en las trece colonias.

1790
Nace José Antonio Páez en la ribera del río Curpa cerca de Araure en el actual estado Portuguesa.

1794

Ingleses invaden Holanda Septentrional, república Bátava (1795 1806), estado satélite de la república francesa. El almirante Luis Brion se alista para defenderla participa 5 años más tarde, hecho prisionero. Regresa a Curazao y después estudia navegación en Estados Unidos.

1798

Estados Unidos preparan armas ante peligro de guerra debido a amenazas francesas
Washington visita Maryland, el November 7 llegó a Baltimore, y fue atendido por William Belton, Grand Master of the Grand Lodge of Maryland, sus diputados y otros[Pg 112], le hicieron un regalo fraternal el Ahiman Rezon and the following address, la Carta constitucional de la masonería estadounidense.
Correspondencia con GW Snyder relativa a una conspiración en Francia.

1800

Humboldt calcula cerca de un millón de habitantes en la provincia de Venezuela donde unos 60.000 eran esclavos

1801

John Mitchell Brothers y Dalcho Frederic crean en Charleston Carolina del Sur, EUA, el Rito Escocés Antiguo y Aceptado

1802 Bajo los auspicios de la Gran Logia de Pennsylvania es creada la Gran Logia Provincial de Santo Domingo

1803

1804
Independencia de Hait
El hermano Alexandre Auguste François Conde de Grasse y marqués de Tilly, lleva el Rito Escocés a Fancia.

1805
Simón Bolívar recibe el grado de compañero en la logia San Alejandro de Escocia en la ciudad de París. Figura como maestro en el cuadro logial de fin de año. Su vida masónica se limita a pocos más de tres meses, cuando recibió los tres grados.

Invasión de los británicos a Puerto Marie en Curazao.

1806
Cae la república Bátava (1795 1806) se instala el Reino de Holanda

1808
Masones venezolanos del siglo XIX señalan 1808 como año de llegada de los primeros masones. José de Jesús Castro, traductor e impresor de **Pintoresca Historia de la Masonería y de las Sociedades Secretas**, de F.B.T. Clavel.

La Gran Logia Provincial de Jamaica abre en 1808 la logia Las Tres Virtudes Teologales, también dependiente de Jamaica

En 1809, fue creada otra Gran Logia Provincial pero esta vez dependiente de la Gran Logia de Inglaterra protegida por el presidente de la República de Haití, Jean-Pierre Boyer(1776-1850)
1811
Sir Robert Kir Porter recibe su diploma de Maestro Masón otorgado por la Rondney Lodge N 351 de Myton Gate fechado 4 de abril de 1811.

1813 Con la reforma de la Gran Logia original, que pasó a llamarse Gran Logia Unida de Inglaterra de Masones Antiguos, Libres y Aceptados.
1813 Colonos franceses huidos de Santo Domingo tras los levantamientos de los esclavos se refugiaron en Jamaica donde constituyeron la logia Les Frères Réunis, dependiente del Grande Oriente de Francia

1814, 15 de agosto Edictos del Cardenal Consalvi, Secretario de Estado para los Estados Pontificios.

1815 2 de enero El Obispo de Almería, D. Fco. Xavier Mier y Campillo, Inquisidor General de España.

1816
La Logia de Reconciliación de Inglaterra presentó su propuesta final de liturgias y estándares completamente laicos.

1817

El legionario Dionicio Egan recibe un salvoconducto masónico remitido por el triángulo masónico de Achaguas para viajar a la provincia de Varaguas, hoy Panamá.

Según Representación de la Masonería Venezolana al Congreso Nacional este año se estableció en Venezuela la Sociedad Francmasónica, recopilado por Celestino Romero

Thomas Jefferson escribe a su hermana Martha sobre el pedido de la logia masónica Hijo de la Viuda, numero 60, y la logia de Charlottesville 90 para colocar la primera piedra de la universidad de Virginia, incluso asistió a la ceremonia acompañado de James Monroe y James Madison.

En **1818**, un grupo de masones refugiados franceses provenientes de Haitó, solicitaron los auspicios de la Gran Logia de Inglaterra para trabaja en Kingston, pero esta se lo negó. Así que la logia La Benignité; entonces solicitaron carta patente al Grande Oriente de Francia hasta 1829 cuando cesaron sus actividadades.

1820 Durante el mes de noviembre se abrazan los generales Bolívar y Morillo, como símbolo del armisticio y regulación de la guerra a muerte. Se ha especulado sobre este evento, en torno a la participación de la Masonería en el proceso de pacificación. De todas las especulaciones realizadas por el imaginario masónico esta resulta cónsona con el ideal propagado por la Orden.

En este mismo año de 1820, se instaló en Bogotá la logia Libertad de Colombia, que posteriormente cambiaría su nombre por el de Fraternidad Bogotana.

1821 10 de abril, Edicto que condena a los Carbonarios en los Estados Pontificios.
El 13 de septiembre, Pío VIII publica la Constitución Eclesiam Chisti, contra el carbonarismo, pero reproduce para este efecto las Bulas de Clemente XII y Benedicto XIV que habían sido contra la masonería.
En **1821** fue instalada la logia Beneficencia, en Cartagena, dependiente de la Gran Logia Provincial de Jamaica

1822 Población estimada de 767.100 habitantes (80% costa montaña 12% Llanos y 2% Guayana)
La Concordia, en Medellín recibe carta patente de la Gran Logia Provincial de Jamaica.

1823 José Antonio Páez dirige plancha a la logia Amigable N 25 de Maryland, Estados Unidos de Norteamérica, a fin de solicitar carta patente para su logia en Valencia.
Los francmasones de Cumaná publicaron en la imprenta de Manuel Escalan de esa ciudad, el *Espíritu de los Estatutos y Reglamentos del Orden Franc Masónico*, y el *Diccionario* de (Todos los términos y expresiones en uso para el trabajo de las logias.)
Antonio Leocadio Guzmán regresa de España a donde su padre lo había enviado a estudiar. En

noviembre el general José Antonio Páez toma Puerto Cabello, se retira el ejército realista, pero quedan en su lugar, los políticos godos o conservadores.

1823 La gran logia de Haití se hizo independiente de Londres y se convirtió en el Gran Oriente de Haití, creando su propio rito haitiano.

1824
Junio 24, fecha en que la tradición masónica ubica la fundación de la Gran Logia de Colombia con sede en Caracas. Su organizador y primer Gran Maestro, el Ilustre Prócer de la Independencia, Lic. Diego Bautista Urbaneja. Fuentes Oficiales de la masonería, así lo han confirmado oficialmente desde hace muchos años, también tiene IVEM años buscando inutilmente el acta que lo confirme. Figura DBU como Gran Maestro hasta 1844.

1826 Afirma Valdivieso Montaño que para esa fecha, se disolvieron las logias al penetrar en ellas los asuntos políticos. Pensamos que hizo tal afirmación para justificar que el decreto de 8 de noviembre de 1828, no incluía a la masonería.
En 1826 un grupo de jamaicanos empleados en la explotación de la madera en The Bay (Honduras) solicitaron la constitución de la logia Honduras n° 1, que en 1828 de Belice.

1828 Septiembre 25, muere el Q:.H:. Fergunson de un tiro en el pecho, mientras defendía la entrada durante el atentado perpetrado en Bogotá contra la persona del Libertador Simón Bolívar.

1828 Noviembre 8, el Libertador proscribe las Sociedades Secretas, sea cual fuere su denominación.

1829 Nace Antonio Guzmán Blanco en el momento cuando se desintegra la Gran Colombia.

1830 El 27 de abril renuncia Simón Bolívar a la presidencia de la Gran Colombia.

El Congreso Constituyente se reúne en Valencia el 6 de mayo. Cuarenta y dos diputados eligen a los QQHH José Antonio Páez y a Diego Bautista Urbaneja como presidente y vicepresidente.

1834 El 18 de febrero fue sancionada la Ley de Libertad de Cultos. La Iglesia se habría opuesto porque amenazaba sus espacios de dominio. El argumento de los liberales se fundamentaba en la necesidad de facilitar el ingreso de inmigrantes y repoblar el país diezmado por la guerra.

Ley de 10 de abril que deroga las leyes coloniales que en cierta forma protegían al deudor. Entre los firmantes de la ley aparece uno de los QQHH:. José María Pelgrón, como secretario del Congreso.

El 13 de mayo se promulgó la ley sobre admisión y valorización de monedas y su admisión en todas las oficinas públicas.

1835 José María Vargas asciende a la presidencia de la República.

Pedro Coll llega a Carúpano con el cargo de Administrador de la Aduana, con plenos poderes del Gran Oriente de Venezuela para reorganizar la logia Virtud de Carúpano

1836 El 19 de abril, se inaugura en Caracas un colegio con el nombre Independencia, patrocinado por el general en jefe José Antonio Páez y los civiles José María Vargas y Manuel Felipe de Tovar. Colegio donde se educó Antonio Guzmán Blanco.

El Colegio Independencia dirigido por Feliciano Montenegro y Colón, oficial realista que peleó contra la causa patriota hasta la batalla de Carabobo. Era hijo de un abogado de la Real Audiencia con una caraqueña de nacimiento. Aunque se hizo militar en Venezuela, 1803 se trasladó a España e ingresó en el batallón de Valencia. En la metrópoli participó en el sitio de Gibraltar contra los ingleses; cumplió misiones con las tropas destinadas a Dinamarca, mandadas por el duque de la Romana; actuación en la batalla de Bailén (1808). En 1810 se hallaba en Cádiz como capitán en el batallón ligero de tiradores de dicha ciudad, donde, además, era vocal del Consejo de Guerra Permanente. Cuando regresa a Venezuela se incorpora a la causa patriota, pero a los pocos meses regresa a España. En 1816 se encuentra entre el ejército español que invadió Venezuela al mando de Pablo Morillo.

Nace en Inglaterra Robert Freke Gould, historiador de la masonería, columna de la escuela historiográfica masónica.

1837 José María Carreño encargado de la Presidencia de la República.

El QH:. general Carlos Soublette asciende a la Presidencia de la República.

En diciembre, Circular del Episcopado Belga contra la masonería

1838 Según Boletín N 5, emitido por la Gran Logia en 195 , el Q:.H:. Diego Bautista Urbaneja reorganiza las logias masónicas Venezolanas para reconstituir la Gran Logia de Venezuela, después de separada de la Nueva Granada. El historiador masón José Silva Cedeño afirma que desde este año la masonería venezolana adquiere vida normal.

1844 Gran Maestro Ignacio J. Charquet hasta 1847.

1847 Gran Maestro Casimiro Hernández hasta 1851.

1847 Promulgación de la más antigua Constitución Masónica Venezolana conocida por nuestra historiografía.

1851 Gran Maestro Isidoro Hernández Bello hasta 1854.

En el mes de junio, los masones venezolanos afirmaron, años más tarde, que el Supremo Consejo del Gr:. 33, derogó la Constitución, siendo esta actitud, la causa de la situación cismática que mantuvo el simbolismo venezolano, hasta enero de 1865.

1854 Gran Maestro Dr. Manuel Felipe Tovar hasta 1856.

En enero, El Ser:.Gr:. Maest:. del Gran Oriente Nacional, Gral. Santiago Mariño, funda mediante decreto, la Gran Logia Provisoria con el objeto de organizar las pocas logias que sobrevivieron a la Revolución de 1853.

1856 Gran Maestro Cnel. Francisco Conde hasta 1857.

1857 Gran Maestro Dr. Luis Delgado Correa hasta 1858.

Sobre el Autor

Eloy Reverón
(1953)

Historiador (U.C.V.) egresado de la Maestría en Relaciones Exteriores del Instituto de Altos Estudios Diplomáticos "Pedro Gual" IAEDPG y de la maestría en Seguridad y Defensa Integral del Instituto del Altos Estudios de la Defensa Nacional IAEDEN.

Su experiencia laboral lo ha llevado desde el mundo de las ventas: en el área editorial, equipos fotográficos, ópticos, línea blanca, y relaciones públicas en la empresa privada, hasta el área de la administración pública como instructor militar, documentalista, organizador de archivos clásicos y electrónicos, asesor documental en el área de fronteras y política internacional e historia estratégica y geopolítica en los ministerios de Defensa y Relaciones Exteriores. Jubilado del Ministerio del Poder Popular para las Relaciones Exteriores desde el 18 de octubre de 2013.

Ensayista, autor de varios libros y de artículos en publicaciones nacionales e internacionales. Durante el desarrollo de las dos tesis magistrales elaboró un modelo teórico para la historia aplicada a las Relaciones Exteriores y para los Estudios Estratégicos, puesto en práctica en el ejercicio docente y dado a conocer en varios idiomas por la Agencia Argentina de Noticias ARGENPRES con el título de Teoría de la historia de la resistencia India (Hacia una Teoría de la Historia de la Revolución Bolivariana)

Profesor invitado de la Escuela de Historia de la Universidad Central de Venezuela investiga sistemáticamente la Historia de la Masonería desde el año 1988. Desde entonces asiste como ponente en las logias del Orbe, cuando lo invitan y asesora en materia documental y preservación de manuscritos masónicos a la Biblioteca Nacional de Venezuela.
2004 creó la cátedra electiva de Historia de la Masonería en Venezuela, tema pionero presentado por el autor como tesis para optar a la licenciatura en la Escuela de Historia de la U.C.V. en 1992. En 1988 presentó ante el congreso internacional de historiadores organizado por la Academia Nacional de la Historia, la ponencia "Influjos Masónicos en la Instauración del Matrimonio Civil y en la creación de los registros civiles en Venezuela". Participó en las publicaciones del Instituto de Investigaciones Históricas de la Universidad Simón Bolívar **Bolivarium**, en dos publicaciones: "Mito y Realidad en la Historiografía de la Independencia" 1995 y El Fantasma de Bolívar en la Masonería Venezolana"(1997. En la Colección **Historia para Todos** publicada por los profesores de la U.C.V.

publicó "La Masonería en Venezuela" 1996. En Junio de 2004 presentó su libro, **El Fantasma de Bolívar en la Masonería Venezolana** en el Simposio organizado por la Gran Logia de La Habana, y la ponencia Historiografía Masónica Venezolana (2007).

Apertura de la Cátedra Historia de la Masonería en Venezuela, Escuela de Historia U.C.V.

En la Edición Especial de Aniversario de Las Verdades de Miguel Historia Oculta de Venezuela "Masonería en El Caribe" 2005.

En el Simposio la Masonería y la Independencia organizado por el Instituto de Investigaciones Histórica de la Universidad Autónoma de México UNAM, en diciembre de 2010, presentó "La Masonería y la Independencia" ¿Cuál Masonería? ¿Cuál Independencia?. En el número 3 de la Revista **Nuestro Sur** del Ministerio del Poder Popular para la Cultura y el Centro Nacional de Historia, la visión de la Masonería y la Independencia desde la óptica de la Teoría de la Historia de la Revolución Bolivariana.

En la escuela de Historia de la Universidad Central dicta el seminario Masonería y la Independencia de Venezuela.

En el año 2012 reabrió la materia electiva de Historia de la Masonería. En octubre, la ponencia Masonería Española en el Exilio Venezolano (1936 1960), Gibraltar, Cádiz, del 11 al 13 de octubre.

También ha participado en la prensa de opinión, radio y televisión sobre diversos temas como la

Indianidad, Política Internacional, historia de las ideas políticas y masonería, en el History Chanel.

Desde 2008 ha desarrollado talleres de apreciación histórica que van desde el La Cátedra Miranda y Bolívar en el Instituto de Altos Estudios Diplomáticos "Pedro Gual", los Talleres: Mirandiano de Apreciación Histórica y Teoría de la Historia de la Revolución Bolivariana, en la Biblioteca Nacional, Casa Nuestra América "José Martí", en el Salón Guaicaipuro de la Asamblea Nacional, en la Feria del Libro FILVEM y la Teoría Bolivariana de la Historia a partir de marzo de 2013 en la Escuela de Historia de la Universidad Central de Venezuela, como materia electiva y la Masonería y la Independencia como seminario de investigación para tesistas en la misma escuela de Historia.

Sobre este libro podemos inscribirlo como una versión sintética de otro texto más extenso escrito en 2009 y presentado en noviembre de 2010 ante el Instituto Venezolano de Estudios Masónicos, cuyo título es **Masonería e Independencia Integral**

Ponencia en los Estados Unidos Mexicanos, Universidad Autónoma de México, III Symposium internacional de historia de las masonerías y las sociedades patrióticas y paramasónicas. Museo de Bellas Artes México DF. Del 4 al 8 de diciembre de 2010 Masonería e Independencia ¿Cuál Masonería? ¿Cuál Independencia

www.ingramcontent.com/pod-product-compliance
Lightning Source LLC
Chambersburg PA
CBHW051353280526
45784CB00007B/2941